ROCKING the 50ies

Ein Survival Guide für FRAUEN

Coverfoto: Hendrik Holnäck

Layout & Cover: Lisa Keskin

Lektorat & Korrektorat: Ursula Rathensteiner

Qualitätsmanagement: Monika Lexa

Druck und Vertrieb im Auftrag der Autorin: Buchschmiede von Dataform Media GmbH, Wien

ISBN:

978-3-99152-214-0 (Paperback)

978-3-99152-213-3 (Hardcover)

202021092

PRINTED IN AUSTRIA

Diana Schell

ROCKING
the
50ies

Widmung

Ich widme dieses Buch genau dir – ich freue mich so sehr, dass du dieses Buch in den Händen hältst!

Ich wünsch dir viel Spaß beim Lesen!

Inhaltsverzeichnis

Foto: Hendrik Holnäck

Über die Autorin

Diana Schell ist Fernseh-, Radio- und Eventmoderatorin, bekannt unter anderem aus der ARD, dem MDR, JUMP Radio und Radio PSR. Derzeit ist sie fast täglich im Fernsehen bei HSE auf Sendung, wo sie vor allem als Fashion-, Style- und Beautymoderatorin begeistert.

Doch auch abseits ihres Kerngeschäfts ließen sie ihre Offenheit und Neugier eher ungewöhnliche Wege gehen: So strahlte sie mit 51 Jahren am Cover des „PLAYBOY", fand sich als „Bewohnerin" im Haus der Reality-TV-Show „Promi Big Brother" wieder oder zeigt sich als Produzentin und Host ihrer YouTube-Show samt Podcast „**BLONDHÖRIG**" von ihrer schrillen Seite. Mit ihrer Coaching- und Eventfirma „Ladies Academy Deutschland" war sie Wegbereiterin der Women-Empowerment-Bewegung. Nicht nur als Gründerin und „Head of", sondern auch als Coach und Speaker. Sie ist Vorstandsmitglied der „Deutschen Spendenhilfe e.V." und glühenden Herzens Helferin beim Aufbau verschiedener Schul- und Dorfprojekte sowie bei der Förderung vor allem von alleinstehenden Frauen mit Kindern in Gambia.

Dieses erste Buch von Diana Schell ist ein Meilenstein ihrer Lebensaufgabe, andere Menschen zu inspirieren, ihnen Liebe zu geben und sie in ihre eigene Kraft und Stärke zu bringen.

Rocking the 50ies – ein kleines Vorwort

Jetzt, mit über 50, wird es langsam Zeit, mein Leben zu reflektieren. Was war? Was ist? Was möchte ich noch erreichen? Ich war vor einiger Zeit auf dem Cover des deutschen PLAYBOY – mit einer der längsten Fotostrecken überhaupt –, und bin noch immer stolz wie Bolle, dass ich das tatsächlich geschafft habe. Mit 51 Jahren wohlgemerkt, nicht mit 21. Ich bin so gut wie täglich als Moderatorin live im Fernsehen zu sehen, habe drei Firmen, baue gerade ein Haus an der Elfenbeinküste für meine Familie und arbeite wirklich viel. Ich bin dankbar. Ich bin voller Liebe und habe wundervolle Menschen in meinem engsten Kreis.

Mir geht es in diesem Buch nicht darum, dir unter die Nase zu reiben, was ich alles habe, sondern darum, dir zu zeigen, was du alles erreichen kannst, wenn du das möchtest.

Du darfst dich trauen, es steht dir zu, egal wie alt du gerade bist, dein Leben nochmal in die Hand zu nehmen, durchzustarten und dich nicht darum zu scheren, was andere dazu sagen.

Was kümmert es eine stolze Eiche, wenn sich ein Wildschwein an ihr schubbert, sagt man. Soll heißen: Wenn du um deinen eigenen Wert weißt, ist es nicht nötig, dich über die Meinung von anderen aufzuregen oder diese – wenn das dein Wunsch ist – überhaupt zur Kenntnis zu nehmen. Ich verwende diesen Spruch für mich als Schutzschild, an dem so einiges abprallt. Auch wenn es ein langer Weg war, bis hierher zu kommen.

Deine Diana

Facebook

www.facebook.com/diana.schell.tv

Instagram

www.instagram.com/dianaschell_official

In eigener Sache: Ich verkaufe immer alles für andere, diesmal will ich aber auch auf mich selbst nicht vergessen. Daher: Liebe Leserin, lieber Leser, ich würde mich riesig freuen, wenn du mir auf Social Media folgst, insbesondere auf Instagram, weil wir uns da regelmäßig live sehen können. Und damit du es leichter hast, mir zu folgen, kommen hier die QR-Codes. Falls du damit nicht so viel anfangen kannst, findest du darunter jeweils die Webadresse.

YouTube

www.youtube.com/blondhörig

TikTok

www.tiktok.com/@dianaschell_official

Was erwartet dich in diesem Buch?

Zuerst musst du dich selbst „verkaufen", um dann deine Message an die Frau und den Mann zu bringen, sag ich immer.

In unserem Fall bedeutet das: Ich erzähle dir als erstes meine Geschichte. Die Geschichte von der Musterschülerin, die kurzzeitig auf die dunkle Seite geraten ist. Vom DDR-Kind, das schon als Jugendliche Musikshows moderiert hat und immer durch seinen Modestil aufgefallen ist. Von der Betriebswirtschaftlerin, die, obwohl sie erst nicht wollte, dann doch im Fernsehen gelandet ist.

So wirst du im Kapitel **Ein Alptraum von Straße** als Erstes etwas über mich erfahren, also Diana als kleines Mädchen kennenlernen können. Wie bin ich aufgewachsen? Wie war das damals in der DDR? Und ein bisschen etwas erfährst du über meine Familie, über große Liebe zwischen Geschwistern und über die polnische Mafia.

Danach erzähle ich dir im Kapitel **Thank you for the music**, wieso ich meine Karriere als Gitarristin nicht fortführen konnte und meine heiß geliebte Gitarre an den Nagel hängen musste.

Doch Karriere hab ich trotzdem gemacht. Mehr darüber kannst du im Kapitel **Von 0 auf 100 – Karriere im Turbomodus** lesen. Diese Laufbahn war irgendwo zwischen Bilderbuch und Horrorfilm angesiedelt. Große Chancen, tolle Jobs, die erste große Liebe – und daneben tiefstes Unglück.

Apropos Liebe. Da war doch was? Einige Männer haben meinen Weg begleitet. Jeder hat eine Spur auf meiner Seele hinterlassen. Die einen Kussabdrücke, die anderen Narben. Mehr dazu findest du im Kapitel **Liebesrausch und Herzenskälte.** Begleite mich von zarten Banden bis in die Beziehung aus der Hölle – und wieder heraus.

Wie ich zum Playboy-Coverstar wurde – auch da hat der Zufall eine große Rolle gespielt –, kannst du im Kapitel **Und weiter geht's mit der Karriere** herausfinden.

Und dann wird es ernst. Oder eher leicht. Im zweiten Teil dieses Buches verkaufe ich dir etwas: Dich selbst nämlich. In **Schön sein mit 50 plus? Das kannst du auch!** erzähle ich dir, wie du mit mehr oder weniger Aufwand nicht nur noch besser aussehen, sondern dich vor allem auch in deiner Haut wohlfühlen kannst.

Ich liebe es, gut auszusehen. Und ich bin der Ansicht, dass jede Frau schön ist und hammermäßig aussehen kann, wenn sie weiß, wie.

Also teile ich meine Tricks mit dir, wie du deinen Körper noch besser in Form bringst, die richtige Kleidung für deinen Figurtyp findest, auf Fotos (ja, selbst auf Selfies!) richtig toll wirkst, ins Strahlen kommst – egal, ob du 25, 50 oder 75 bist.

Klingt das gut für dich? Super – dann geht es los!

Ein Alptraum von Straße

Foto: privat

Ein Alptraum von Straße

Wo fange ich an? Ach ja – die DDR. Geboren wurde ich 1970 im schönen Frankfurt an der Oder. Falls du dieses weniger glamouröse Frankfurt nicht kennst: Es liegt eine Autostunde von Berlin entfernt, direkt an der polnischen Grenze, und es ist das Östlichste, das der Osten zu bieten hat. Dort stand meine Wiege, oder besser gesagt: mein Kinderbett.

Mein Vater verließ uns, als ich zehn war. Uns, also meinen viereinhalb Jahre jüngeren Bruder Tony, unsere bildhübsche Mutter und mich.

Wir sind alle strohblond und blauäugig, „deutscher" geht's eigentlich gar nicht. Damals hatten wir Kinder den in DDR-Zeiten üblichen Kastenhaarschnitt; wie Playmobilfiguren, nur eben in natürlichem Wasserstoffblond anstatt in Braun oder Schwarz.

Fakt ist, wir sahen grauenhaft damit aus: vorn an der Stirn einen Pony, wie mit dem Lineal gezogen, und seitlich schräg runter wie zwei Gardinen, die man zur Seite hin aufmacht – natürlich selbst geschnitten von unserer Mutter. Auch unsere Cousinen kamen nicht unbeschadet aus der Nummer raus, da war sie gnadenlos. Offensichtlich war das so ein Familien-Ding. Sie war ganz in ihrem Element, wenn sie uns liebevoll verschandelte – ein Teil von ihr wollte wohl eigentlich Friseurin werden.

Die Bergstraße

Ich wuchs im schlimmsten Viertel von Frankfurt auf, und um noch eins draufzusetzen, in der verrufensten Straße des ganzen Viertels. Der Bergstraße.

Aber was war denn nun so schlimm an der Bergstraße? Sie war vollgestopft mit Bewohnern aus der Unterschicht. Ob Suffis, Assis, entlassene Knastis oder andere seltsame Gestalten – damals traf man sie alle hier.

Heute ist das völlig anders, und mittlerweile ist die Bergstraße eine angesagte Schickimicki-Gegend der höheren Kategorie. Es gibt dort kaum mehr bezahlbare Wohnungen, alles ist hochwertig saniert und nur vom Feinsten.

Doch zu meiner Zeit war es das krasse Gegenteil: Wir hatten unsanierte Abrisshäuser und jeder machte, was er wollte. Wenn ich mit meinem Bruder auf der Straße unterwegs zur Schule oder zum Einkaufen war, konnte es schon mal passieren, dass wieder einmal einer den Mülleimer aus dem Fenster leerte und uns im Idealfall knapp verfehlte – Müllentsorgung *to go* sozusagen. Vieles wurde einfach auf die Straße geworfen. Doch es war nur tagsüber so vergleichsweise harmlos. Nachts erwachte die Straße zu einem absoluten Alptraum: Gebrüll, Schlägereien, Polizeieinsätze gehörten zum Alltag.

Trotz all dieser krassen Geschichten hatten wir wirklich eine schöne Zeit. Wir Kinder machten, was wir wollten, spielten nur draußen an der frischen Luft – das war herrlich. Auch wenn wir uns schon immer auch vor aggressiven Typen in Acht nehmen mussten, die sich offenbar alle in unserer Gegend trafen. Nicht nur auf der Straße: Manchmal ging es so weit, dass einige Typen, die wohl nicht mehr nach Hause fanden, tatsächlich volltrunken an unsere Haustür hämmerten und hereinwollten. Und das nicht nur einmal, so etwas kam immer wieder mal vor. Das war kein schönes Gefühl für meinen kleinen Bruder und mich, zumal wir abends oft allein waren.

Als Höhepunkt der Attraktionen unseres großartigen Viertels gab's nämlich auch noch eine Absturzkneipe, die jedem Klischee entsprach: ein Ecklokal, in dem sich die Männer nach der Arbeit auf ein Bier – oder auch viele – trafen und später besoffen nach Hause torkelten. Alles andere als glamourös. Ich kannte das Lokal lange nur von außen; bis ich reinging, sollten noch viele Jahre vergehen. Unser Heimweg, also der meines Bruders und meiner, führte uns regelmäßig an der abgeblätterten Fassade mit den noch aus dem Krieg stammenden Einschusslöchern vorbei.[1] Eine wuchtige Treppe führte zur Eingangstür rauf, und bis heute sehe ich noch vor meinem inneren Auge die Typen, die die Stufen heruntergewankt kamen, sternhagelvoll. Ich glaube, ich habe die Treppe niemals ohne ein paar Alkis darauf gesehen.

Alles in allem war die Szene grau, grau, grau. Aber dass der Osten damals generell sehr grau war, fiel mir erst im Nachhinein auf. Farbe gab es bei uns tatsächlich erst langsam nach der Wende 1989. Für mich war es krass, als ich viele Jahre später nach Polen fuhr, um dort etwas zu besorgen – und dort plötzlich wieder in einem Schwarz-Weiß-Film stand, wie ich ihn aus meiner Kindheit kannte. Es war, als hätte man hier die Farbe rationiert. Auch die Läden waren dort noch so, wie wir es aus der DDR-Zeit kannten, mit nur ein, zwei Produkten. Damals wurde mir klar, warum wir auf Werbung so anfällig gewesen waren. Diese bunte Werbewelt zog uns einfach mega an!

Doch zurück zur Bergstraße in der DDR-Zeit. Wir, also mein Bruder Tony und ich, schämten uns regelrecht zu sagen, wo wir wohnten. Denn sobald wir uns als „Bergstraßenbewohner" geoutet hatten, veränderte sich das Klima. Waren wir bis dahin noch willkommen geheißen oder toleriert worden, rückten nun manche neuen Bekanntschaften merklich von uns ab.

Meine Familie hatte das große Los gezogen: Immerhin wohnten wir im einzigen Neubaublock am Hang, circa in der Mitte der Straße. Rund um uns herum gab es nur Altbauhäuser in verschiedenen Stadien der Verrottung. Aber auch wenn wir stets betonten: „Bergstraße Neubau!", bekamen wir diese mitleidigen und abwertenden Blicke geschenkt. „Wo soll es denn in dieser Assigegend einen Neubau geben?"

---

[1] Falls du dich jetzt wunderst: So sah es damals überall aus, auch in anderen Städten – das war nichts Ungewöhnliches! Gegenden, die nicht interessant waren, sahen ewig lange aus wie nach dem Zweiten Weltkrieg. Die Fassaden wurden erst viel später renoviert, nachdem die Mauer schon lange gefallen war.

Die Bergstraße – und mein erster Schultag mit Playmobil-Frisur

Dabei war unsere Wohnung recht okay. Aus unserer damaligen Sicht war es sogar eine Megawohnung. Es war eine typische Neubauwohnung mit einem zentralen Flur, von dem das kleine Schlafzimmer meiner Mutter sowie das Zimmer abgingen, das mein Bruder und ich uns teilten, solange wir dort wohnten. Dann gab es noch ein Bad, eine kleine Küche mit Durchreiche – das war supergenial – und ein relativ großes Wohnzimmer mit Balkon. Die Wände waren durchgehend – auch im Bad – mit weißer Raufasertapete beklebt, nur im Kinderzimmer hatten wir ein paar farbliche Akzente, die man allerdings kaum wahrnahm: Mein Bruder hatte seine Seite mit Postern von Sportlern und Autos zugehängt, auf meiner Seite tummelten sich Madonna, Duran Duran, Nena, Spandau Ballet und viele andere. Wobei diese Poster gar nicht so leicht zu bekommen waren[2]. Auf meiner Seite gab es dann noch einen großen Spiegel – ich begann schon sehr früh damit, mich zu schminken – und in meiner Teenie-Zeit Unmengen von billigem Schmuck. Modeschmuck gab es eigentlich kaum irgendwo, und wenn man etwas bekam, dann wurde das in Ehren gehalten wie sonst was. Unser Vater hatte ja Westverwandte, die ab und zu ein Päckchen schickten, während er noch bei uns lebte. Wenn da etwas ankam, das war der Himmel auf Erden! Allein der Geruch, wenn da eine Tafel Schokolade drin war! Und wenn dann mal Ohrringe oder anderer Modeschmuck mitgeschickt wurden, dann hängte ich mir diese kleinen Kostbarkeiten an meine Wand.

Nachdem mein Vater dann weg war, zog meine Mutter einen harten Schlussstrich, und es gab kaum mehr Kontakt mit der „anderen" Seite. „Meine arme Mutter!", dachte ich damals. Doch nicht immer ist alles, wie es scheint. Das sollte ich später noch lernen.

[2] „Starposter?", denkst du dir vielleicht. „In der DDR?" Wir hatten sie tatsächlich aus der BRAVO. Es gab in meiner Clique einen heißen Handel mit allem, was Mädchen so brauchen und haben wollen. Gegen wirklich viel Kohle. Wir bekamen einerseits Taschengeld, andererseits wurden Tony und ich sehr schnell sehr kreativ, was die Beschaffung von Geld betrifft. Doch dazu später mehr.

Doch zurück zu unserem kleinen Reich: Wir hatten auch einen tollen Schrank in unserem Zimmer. Der Vater meines Vaters war Tischler und baute eine riesige Schrankwand aus hellem Holz mit zwei Klappschreibtischen für uns Kinder. So etwas gab es im Osten eigentlich gar nicht! Du siehst: Auf materieller Ebene war meine Kindheit wirklich okay – auch wenn es viele andere Baustellen gab.

Kein Papa, aber viele Anwärter

Als unsere Eltern sich kennenlernten, war vieles noch anders. Meine Mutter war Chefsekretärin, mein Vater hatte ein Ingenieurstudium abgeschlossen und war eine Koryphäe auf seinem Gebiet, ein richtig heller Kopf. Allerdings kein Alphamann, sondern eher einer von der ruhigen Sorte. Eigentlich passte er nicht wirklich in Mutters Beuteschema. Und doch passierte es: Als sie zum ersten Mal miteinander schliefen, entstand ich. Als Unfall. Ihre Eltern entschieden, dass die beiden zusammenbleiben und natürlich heiraten sollten. Du darfst nicht vergessen, das waren noch andere Zeiten!

Also heirateten sie, selbst noch fast Kinder, sie 18, er 20. Viel zu jung und unfähig, eine Beziehung aufzubauen. Mein Bruder war bereits das Kittungskind, aber auch das brachte nichts mehr. Was genau zwischen den beiden abging, gehört nicht in dieses Buch. Nur so viel: Oft ist nicht alles so, wie es aussieht. Und nicht immer muss es einen Schuldigen geben. Manchmal ist es auch das Zusammenspiel von zwei Menschen, ihrem Umfeld und vielen anderen Faktoren, die eine Familie zerbrechen lassen. Tony und ich bekamen die Streitereien immer mit, es flogen oft die Türen, es wurde laut. Bis mein Vater irgendwann im Job eine Frau kennenlernte, die er heiratete. Ich glaube allerdings nicht, dass die Frau der Grund für die Trennung war, der lag ganz woanders. Als mein Vater weg war, hatte unsere Mutter uns an der Backe. Zwei Kinder, eines davon noch klein, einen Fulltime-Job als Chefsekretärin, Haushalt.

Sie brachte das alles irgendwie hin. Dass die ohnehin knappen Streicheleinheiten für uns noch rarer wurden, liegt in der Natur der Sache. Sie ging auch nach jeder der Geburten sofort wieder arbeiten; das war typisch DDR. Es gab Kinderkrippe und Kindergarten, und wir fanden ziemlich schnell einen Platz dort. Meine Mutter war Chefsekretärin. Der Zusatz „Chef" war ihr immer sehr wichtig. Nicht einfach „Sekretärin", sondern besser.

Unsere Mutter ging nach der Arbeit manchmal noch bis spät nachts mit ihren Freundinnen feiern. Wahrscheinlich wollte sie einfach nicht allein sein, wieder jemanden finden – das werfe ich ihr sicher nicht vor, auch wenn es für uns Kinder damals nicht nachvollziehbar war. Mein Job war es dann, auf meinen kleinen Bruder aufzupassen, was ich aber wirklich gern tat. Ich nahm diese Aufgabe sehr ernst, denn ich liebte Tony von Anfang an, selbst wenn auch wir beide uns immer wieder mal in die Haare gerieten. Wir teilten uns ein Zimmer, da bleiben Handgreiflichkeiten unter Kindern eben nicht aus!

Beim Feiern lernte meine Mutter nach der Scheidung wieder neue Männer kennen. Diese brachte sie mit nach Hause, wenn es ernster wurde. Wir sollten diese dann „Onkel" nennen und mit einem Gute-Nacht-Kuss auf die Wange verabschieden, wenn wir ins Bett gingen. Diese Männerbeziehungen meiner Mutter hielten maximal ein paar Jahre, nie wirklich lang. Solange er eben gerade der Richtige für sie war. Irgendwelche Männer auf die Wange zu küssen – wenigstens nur auf die Wange! –, war für mich einfach nur widerlich. Aber ich fügte mich, ich war ja ein braves Mädel.

Ich glaube, für Tony waren diese „Onkel" noch schlimmer als für mich. Ich hatte ja meine Gitarre und meine Musik und konnte daher oft in meiner eigenen Welt untertauchen.

Dass uns meine Mutter als Kinder nie in den Arm genommen hatte, fiel mir erst viel später auf. Du vermisst schließlich nichts, was du nicht kennst. Sie sagte uns auch nicht, dass sie uns lieb habe. Nie! Dafür hatte sie eine sehr genaue Vorstellung von unseren Aufgabenbereichen in der Familie. Von mir wurde erwartet, dass ich still und artig und gut in der Schule war. Wenn ich gute Noten nach Hause brachte, machte sie das sehr stolz. Rückblickend auf meine Kindheit kann ich heute sagen, dass unsere Mutter uns zwar keine echte Mutterliebe gab, aber immer versuchte, zumindest mir jeden Wunsch zu erfüllen. Ich erinnere mich noch gut daran, wie ich mir meinen ersten teuren Anorak bei ihr erheulte, einen blau-lila gestreiften Glitzeranorak, der sie sicher ein Monatsgehalt gekostet hat. Oder daran, wie ich meinen ersten Stereo-Kassettenrekorder für 2.500 Ostmark bekommen habe. Jede noch so teure Gitarre und sogar ein Klavier hat sie mir ebenso gekauft. Unsere Mutter musste uns damals mit ihrem Chefsekretärinnengehalt von nur 800 Mark im Monat über die Runden bringen. Dass solche Extras für mich drinnen waren, war wirklich eine Leistung – auch wenn Oma und Opa da sicher einen großen Teil dazu beigetragen hatten. Sie versuchte immer ihr Bestes für uns, auch wenn ihre Bemühungen nicht immer von Erfolg gekrönt waren. Doch gerade später, als Tony in Polen inhaftiert wurde (Achtung, Spoiler!), war sie wirklich eine Mutter für ihn. Sie war für ihn da und nahm ihn auch in Schutz.

Rache ist bitter

Es war ungerecht, schlimm und für uns Kinder damals nicht zu erklären, dass unsere Mutter uns für ihre Rachegelüste gegen unseren Vater missbrauchte. So mussten Tony und ich immer mal „fiese Spiele" an seinen geliebten Autos vollziehen: zufällige Kratzer, Kartoffeln im Auspuff und Ähnliches. Sie wusste, dass sie ihm so wirklich weh tun konnte, denn gerade zu finsteren DDR-Zeiten waren Autos eine Art Luxus, was man sich heute wahrscheinlich kaum noch vorstellen kann.[3]

[3] Nur als Erläuterung, falls du keinerlei DDR-Vergangenheit oder entsprechendes Wissen hast: Wir „durften" auf einen Neuwagen damals circa 16 Jahre warten; sprich: Mit 18 hast du deine Auto-Bestellung aufgegeben und warst dann Mitte 30, wenn du dein erstes neues Auto bekommen hast!

Mein Bruder Tony und ich

Meine Mutter und ich

Design by Oma

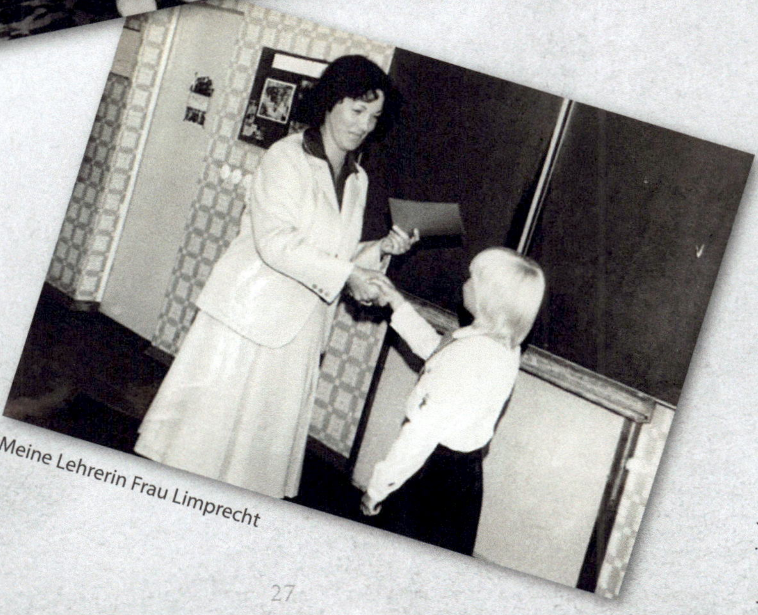

Meine Lehrerin Frau Limprecht

Fotos: privat

Neben diesen Auto-Spielchen mussten Tony und ich immer mal wieder komische Briefe an unseren Vater schreiben, die sicher keinen netten Inhalt hatten – genau kann ich mich nicht mehr erinnern, und natürlich diktierte unsere Mutter uns alles. Ich will hier gar nicht weiter ins Detail gehen, nur so viel: Sie war äußerst kreativ und unermüdlich auf ihrem Rachefeldzug, bei dem Tony und ich natürlich an ihrer Seite zu agieren hatten. Es fühlte sich alles schon als Kind nicht richtig an und es war uns sehr unangenehm. Aber, so erklärte sie uns immer wieder, für sie als alleinstehende Mutter mit zwei Kindern sei alles so ungerecht, und wir müssten uns gemeinsam wehren gegen den „schlimmen Vater, der uns einfach sitzen gelassen hat".

Meine Erfahrung mit den Jahren: Manche Dinge sollte man einfach ruhen lassen, da eine Klärung eh nicht mehr möglich ist. Außerdem will ich unsere Mutter jetzt nicht noch unnötigerweise belasten. Es mag sich komisch anhören, aber sie machte all dies, weil sie es nicht besser wusste und konnte. Sie tat immer das, was sie konnte! Punkt.

Ich kann all das nur als absolute Verzweiflungstaten erklären, und ich habe ihr all ihre bösen Spielchen, bei denen sie uns beide benutzte, inzwischen verziehen, auch wenn es ein langer Weg bis hierhin war. Ich hatte meiner Mutter gegenüber viele, viele Jahre sooo viel Wut im Bauch. Ihre Verzweiflung dürfte allerdings so groß gewesen sein, dass sie auch vor dem letztmöglichen Schritt nicht Halt machte; ein lauter Hilfeschrei. Gott sei Dank ohne Erfolg. Das waren für Tony und mich die dunkelsten Momente unserer Kindheit. Ich sehe und spüre all das noch heute, als wäre es gestern gewesen: Ich rannte tränenüberströmt mit meinem kleinen Bruder an der Hand durch halb Frankfurt zu unseren Großeltern, wir waren klein und wussten uns keine andere Hilfe, denn private Telefone gab es nicht. Nach der zehnten Klasse war für mich aber mit all den Manipulationsspielchen unserer Mutter gegen unseren Vater Schluss. Ich begann selber nachzuforschen, was wahr und was Lüge war.

Meine Mutter hatte ihm den Umgang mit uns verboten, alle Briefe an uns abgefangen. Vielleicht hatte er anfangs sogar noch Geschenke geschickt zum Geburtstag, das weiß ich nicht. Doch irgendwann gab er wohl auf. Angekommen ist jedenfalls nie etwas bei Tony oder mir. Mein Vater ging sogar vors Familiengericht und kämpfte um den Kontakt zu uns, sagte er – leider vergeblich. Im Sozialismus war damals eine Mutter immer im Recht. Heute würde eine solche Situation wahrscheinlich differenzierter behandelt werden.

Nur einmal durfte ich meinen Vater sehen: Als ich vierzehn wurde, vier Jahre nach der Scheidung meiner Eltern, hatte ich Jugendweihe, und da durfte er mich besuchen. Ich erinnere mich noch, ich stand da in meinem Zimmer, hatte mich schon angezogen und meine Haare im damals angesagten Popper-Look gestylt, als mein Vater plötzlich in der Tür auftauchte. Ich hatte von meinem Westonkel ein Kostüm bekommen: quietschgelber Blouson mit Mega-Schulterpolstern, türkisfarbene Hose mit einem gleichfarbigen Schlips – also alles andere als DDR-grau. Richtiger 80er-Jahre-Style inklusive Popper-Haarschnitt. Er schaute mich nur an, brachte kein Wort heraus, und ihm flossen die Tränen nur so übers Gesicht. Da wurde mir zum ersten Mal bewusst, dass auch er mich vermisst hatte. Es ist einer dieser Momente, die sich ganz tief ins Herz graben.

Als ich schließlich mit 18 nach dem Abitur raus bin von zu Hause und zu studieren begann, nahm ich intensive Nachforschungen über unsere Familie auf. Ich wollte wissen, was damals wirklich geschehen war. Wo mein Vater wohnte, wusste ich ja – ich sage nur „Kartoffeln im Auspuff". Zeitgleich musste ich um mein BAFÖG[4] kämpfen, weil der Staat wollte, dass mein Vater bezahlte. Der jedoch sperrte sich dagegen. Dadurch hatten wir kurz Kontakt, leider aber erst mal nur vor Gericht.

---

[4] staatliche Unterstützung für die Ausbildung von Schülern und Studenten in Deutschland

Als das dann irgendwann ausgestanden war, war ich immer noch neugierig, die Wahrheit zu erfahren. Daher trafen wir uns ab und an. Weihnachten war so ein Datum, an dem Tony und ich immer mal kurz zu Besuch bei ihm und seiner neuen Familie waren. Es dauerte einige Jahre, bis ich annähernd alles wusste, was es von der „anderen Seite" meiner Eltern zu wissen gab. Ich verbrachte damals schon die meiste Zeit in Weimar beim Studium, und wenn ich ihn besuchte, war meist auch seine neue Frau Heidi mit dabei. Auch hier war ich wieder das Lieblings-„Kind", Tony war weniger gerne gesehen, auch wenn er sich noch so bemühte und in späteren Jahren sogar mit Frau und Kind kam. Nachdem er aus dem Knast raus war, hatte sich eine massive Barriere zwischen ihm und unserer Familie väterlicherseits aufgebaut. Kein Wunder – die kannten ja nur das, was sie in den Zeitungen über ihn gelesen hatten. Das, was wirklich passiert war, interessierte niemanden.

Für mich waren diese Treffen mit meinem Vater anfangs sehr wertvoll, weil ich irgendwie langsam zu meinen Wurzeln fand. Ich lernte sogar meine Halbgeschwister kennen – ein surreales Gefühl irgendwie, weil man verwandt ist und dennoch anders. Später wurden die Treffen mit meinem Vater regelrecht anstrengend – ich musste immer erzählen, erzählen, erzählen. Und er erzählte meist von seiner Krankheit[5]. Auch dass mein Bruder immer so unausgesprochen, aber fühlbar unerwünscht blieb, gefiel mir überhaupt nicht. Letztlich kippte unser gutes Verhältnis dadurch dann doch ein wenig und ich zog mich wieder mehr zurück, auch weil ständig auf meiner sicher nicht perfekten Mutter rumgehackt wurde. Da kam dann mein Gerechtigkeitssinn durch. Irgendwann muss auch mal gut sein!

Ich beendete solch unangenehme Diskussionen über die Vergangenheit immer, indem ich meinen Vater darum bat, mit mir gemeinsam Musik zu hören. Da begannen seine Augen zu leuchten und wir gingen in sein Musikzimmer, in dem er

---

[5] Mein Vater hatte die Herzkrankheit HCM, ähnlich der HOCM meines Bruders. Mehr dazu später im Buch.

die Akustik perfekt eingestellt hatte. Es gab auch zwei feste Sitzplätze, von denen aus die Musik optimal klang. Mein Vater hatte das absolute Gehör, was für mich als Vollblutmusikerin natürlich sehr anziehend war, und er war ein High-End-Freak. Da war eine starke Verbindung zwischen uns und ich hatte das schöne Gefühl, meinen Wurzeln etwas nähergekommen zu sein.

Foto: privat

Beschützerinstinkte

In meiner Kindheit hatte ich viele Freunde, mit denen ich mich täglich traf. Wir verbrachten viel Zeit draußen. Klar gab's immer wieder mal kleinere Rangeleien zwischen uns Kindern, aber für uns war das völlig normal damals. Es gehörte einfach dazu, sich ab und an zu kloppen, wie das Salz in der Suppe, auch wenn das aus heutiger Sicht etwas abgefahren klingen mag. Doch auf diese Weise konnte ich schon als kleiner Knirps lernen, mich selbst zu verteidigen, und da ich ein Mädchen war, kam ich meist ungeschoren oder mit harmlosen Blessuren davon. Mein Bruder hatte da weniger Glück als ich. Au Backe, wie oft der in Brennnesselbüsche geworfen wurde! So oft, dass er damals eigentlich eine lebenslange Immunität gegen Brennnesseln entwickelt haben müsste. Er bekam fast täglich etwas ab.

Ein Typ hatte es besonders auf meinen kleinen Bruder abgesehen. Er lauerte ihm immer wieder auf, sobald Tony das Haus verließ. Bis es mir irgendwann mal reichte: Ich räumte gründlich mit ihm auf und verprügelte diesen Typen so richtig – mir war überhaupt nicht bewusst gewesen, dass ich so viel Kraft hatte. All meine Wut sammelte sich in meinen kleinen Fäusten und hagelte auf den Kerl nieder. Ab diesem Moment war Ruhe. Und ich machte es mir zur Aufgabe, meinen kleinen Bruder zu beschützen und im Falle auch mit Gewalt nachzuhelfen, wenn ihm einer keine Ruhe gab. Ich liebte meinen kleinen Bruder von Anfang an, heiß und innig. Das ist bis heute so geblieben. Er ist der wichtigste Mensch in meinem Leben. Und wir beide wissen: Was auch immer kommen mag, wir beide sind füreinander da, wir beschützen und stärken einander. Bruderherz, ich liebe dich!

Der Prügelknabe und seine Endgegnerin

Doch leider gab es einen Endgegner, den ich nicht angreifen, geschweige denn besiegen konnte: Wenn Tony mal nicht von Älteren verprügelt wurde, dann trat unsere Mutter auf den Plan und versohlte ihm gründlich den Hintern. Regelmäßig tobte sie sich an ihm mit einem Teppichklopfer oder Stock aus. Es war schlimm mitanzusehen – wie es ihm dabei gegangen sein mag, möchte ich mir gar nicht vorstellen. Wie früh das schon begonnen hatte! Ich kann mich auch daran erinnern, dass mein Vater ihn schlug, als er noch bei uns lebte. Der fehlende Finger[6] habe besonders wehgetan, sagte Tony.

Tony war ein liebes, normales Kind, ein eher schüchterner Musterschüler mit einem Hochbegabten-IQ von 145, wie sich später herausstellte, der sowohl die Mathe-Olympiade als auch Rezitierwettbewerbe gewann. Dass das Leben ihn dennoch auf keine wissenschaftliche Laufbahn schickte, sondern etwas ganz anderes mit ihm vorhatte, konnten wir damals noch nicht ahnen. Er sollte zu einer lebenden Legende werden, in einem völlig unerwarteten Bereich.

Meine Mutter war mit Tony und seinen Eskapaden, über die du gleich lesen wirst, völlig überfordert, und so wurde er von ihr vermutlich einfach aus dem Gefühl der Machtlosigkeit heraus körperlich in Schach gehalten. Das ging so weit, dass sie ihn auch schon mal als Strafe – für was auch immer – splitterfasernackt vor die Haustür stellte. Wir wohnten im Parterre, daher konnten ihn alle Hausbewohner sehen – sie mussten auf dem Weg in ihre Wohnungen ja an ihm vorbei. Wenn jemand nicht weiterweiß, schreit und schlägt er. Und genau das machte meine Mutter. Sie rannte ihm wie eine Furie mit dem Teppichklopfer hinterher, und sie spielten „Fangen" in der Wohnung, aber auf keine gute Art.

---

[6] Mein Vater hatte in jungen Jahren einen Arbeitsunfall, der ihn einen Finger kostete. Dieses Bild des fehlenden Fingers hat sich wohl bei Tony und mir eingegraben.

Doch was immer sie auch machte, sie hatte auf Tony absolut keinen Einfluss mehr, und mit 16 zog er schließlich aus. Wenn ich heute darüber nachdenke, wird mir jetzt erst richtig klar, wie krass das Verhalten und die „Erziehungsmethoden“ meiner Mutter damals waren. Als Kinder konnten wir es nicht einordnen. Wir kannten ja nur das Weltbild und die Einstellungen unserer Mutter. Es fühlte sich jedoch ungerecht und übergriffig an, und es hat sicherlich Spuren auf der Seele hinterlassen. Zu ihrer Verteidigung möchte ich sagen, dass sie es sicherlich nicht leicht hatte. Meine Mutter bemühte sich immer, eine Linie reinzubringen, war aber schlichtweg überfordert. Sie war 18, als sie mich bekam, und noch keine 30, als mein Vater wegging. Es war kein Partner im Haus, der sie unterstützt hätte, und die Männer, die immer wieder mal für eine Weile bei uns aufschlugen, nahmen wir nicht annähernd ernst. Tony hatte zusätzlich das „Problem“, dass er schon als Kind um vieles intelligenter war als jeder Typ, den unsere Mutter anschleppte, und der dann einen auf Vater machen wollte. Das konnte auf Dauer nur schiefgehen! Doch dazu etwas später.

Die coole Streberin

Die Schule. Ein Thema für sich. Sie war einen Zehn-Minuten-Fußmarsch von zu Hause entfernt. Der Schulweg war also nicht wirklich weit, aber lang genug, dass Tony Opfer der „Brennnessel-Nummer“ wurde. Auch hier war daher Aufpassen und Beschützen meine tägliche Devise. Schule war einfach mein Ding. Ich habe eine sehr schnelle Auffassungsgabe und war von der ersten bis zur zehnten Klasse die Jahrgangsbeste – immer mit einem Notendurchschnitt von 1,0. Nur einmal bekam ich eine Zwei – ausgerechnet in Sport, der so ein wichtiger Teil meines Lebens werden sollte. Dass die Lehrer mich liebten, kann man sich vorstellen, doch auch die Mädels mochten mich alle – ich war eben immer ein Sonnenschein. Bei den Jungs war mein Image erstmal durchwachsen ... obwohl ... ich erinnere mich noch an eine Szene, als ob es gestern gewesen wäre: Einer der „bösen Jungs", der direkt hinter mir saß, raunte mir einmal zu: „Wenn du nicht so ne Streberin wärst, wärst du richtig cool!" Ha! Dem hatte ich wohl sein Weltbild zerstört, dass Streberinnen immer dicke Wollstrümpfe und geflochtene Zöpfe haben müssen! Spätestens ab meinem 14. Lebensjahr brach nämlich mein Mode-Faible durch, und ich wurde zur Augenweide. Jetzt fanden mich so ziemlich alle Jungs auf meiner Schule klasse! Mir war das allerdings ziemlich egal, wer mich liebte oder nicht – mir war klar, dass es mehr als Beliebtheit braucht, um etwas zu erreichen. Man muss dafür auch was machen.

Im Laufe der Zeit entstand eine Gruppe von fünf Mädchen. Wir hielten zusammen und ließen uns von den Größeren nicht mehr einschüchtern und auch von Eltern und Lehrern nicht mehr viel sagen. Wir trafen uns, hörten Musik, quatschten über Mädelskram, schneiderten unsere eigenen Klamotten im Stil von Madonna und unserer anderen Ikonen. Ich blieb Teil der Gruppe, bis die anderen begannen, sich immer öfter mit Jungs zu treffen. Mich interessierte das einfach noch nicht, ich lebte in meiner Musik. Sinnlos abzuhängen und tanzen zu gehen, empfand ich als Zeitverschwendung. Wenn ich nicht Hausaufgaben machte oder lernte, übte ich wie besessen Gitarre, denn für mich stand schon sehr früh fest: Ich wollte was Besonderes werden. Wer mich dabei am tatkräftigsten unterstützte? Das waren Oma und Opa, wie du gleich lesen wirst.

Die Magistrale

Meine Großeltern wohnten in einer anderen Ecke von Frankfurt, an der Prachtstraße, an der auch die Paraden zum Ersten Mai immer entlangführten. Die Magistrale, wie man solche Boulevards damals nannte, hieß passend zum Regime „Karl-Marx-Straße". Diesen Namen hat sie übrigens pikanterweise bis heute. Diese Wohnung war das Zentrum unserer ganzen Familie. Wenn die Parade zum Ersten Mai stattfand, dann gingen wir, mein Bruder und ich, immer mit und bogen dann ab, um uns vom Balkon der Großeltern die vorbeiziehenden Menschen anzusehen, gemeinsam mit meiner Mutter, ihren beiden Schwestern und unseren vier Cousinen. Wir kamen aber auch so immer wieder mal dort zusammen, und ich ging sowieso oft zu Oma und Opa.

Mein Opa war so ein richtiger blonder deutscher Bär, immer mit einem Lächeln auf den Lippen, speziell, wenn er mich sah. Allerdings verfinsterte sich seine Miene oft, sobald mein Bruder auftauchte. Opas Stimme wurde dann lauter, sein Ton rauer. Also war es wieder Tony, der diese weniger freundliche Opa-Version voll abbekam.

Oma und Opa hatten auch einen riesigen Garten. Die Besuche dort hab ich in weniger guter Erinnerung – wir mussten immer mithelfen. Opa war früher Bauer gewesen, und für ihn war der Garten klein im Vergleich zu den Ländereien, die er damals bestellt hatte. Für uns war der Garten riesig; wir verwendeten ihn als Selbstversorgergarten, und natürlich fiel da immer Arbeit an. Es gab dort alles: Unmengen an Obstbäumen, Spargelbeete, Blumenbeete und vieles mehr. Meine Oma stellte sich mit ihrem Klapphocker vor den Eingang ihres Wohnhauses auf die Straße und verkaufte dort alles, was der Garten hergab – ob das nun Früchte waren, Blumen oder Kartoffeln. Meine Oma war ursprünglich eine richtig tolle Schneiderin gewesen. Sie hatte in ihrem Flur eine große alte Singer-Maschine stehen und hatte Kleidung für jedermann gemacht. Als das dann nicht mehr so richtig ging, stieg sie auf den Verkauf der Gartenprodukte um – für mich schneiderte sie aber weiterhin viele Kleider. Daneben war sie Kartenabreißerin im Kino, und so konnten Tony und ich jedes Wochenende zur Kindervorstellung. Bei Oma und Opa gab es auch immer was zu essen. Meine Mutter war so gar keine Köchin, aber Opa glich das wieder aus. Die beiden, Oma und Opa, waren wirklich da für mich, und ich bin sicher, dass es uns ohne ihre Unterstützung nicht annähernd so gut gegangen wäre.

Oma und Opa – immer in der ersten Reihe

In der DDR gab es ja nix, sagt man immer. Doch das stimmt nicht ganz. Es gab immer wieder mal irgendwo irgendwas. Das zu finden und „auszusitzen", bis man an die Reihe kam, war der Job meiner Oma. Die Mutter meiner Mutter war immer mit einem kleinen Klapphocker unterwegs, und wenn sich irgendwo eine Menschenschlange bildete, setzte sie sich dazu und schaute, was es Brauchbares gab. Egal ob es was zu essen war oder irgendetwas anderes Schönes. Auch die Finanzierung meiner Gitarre hab ich Oma und Opa zu verdanken.

Doch das war bei Weitem nicht das einzige Verdienst meiner Großeltern. Sie kamen immer zu meinen Konzerten, weil meine Mutter oft nicht mitkonnte, und saßen stolz wie Bolle in der ersten Reihe und freuten sich mit mir. Mein Opa trug auch oft meine schwere Gitarre in dem großen schwarzen Kasten. Sie waren immer für mich da, und ich war der absolute Sonnenschein für sie.

Das war wieder etwas, das ich hatte, und Tony nicht: die Zuneigung von Oma und Opa. Ich war ihr Lieblingsenkelkind, und als solches wurde mir auch da natürlich alles zugesteckt, was mein Herz begehrte.

Der „dreckige Bastard"

Tony hingegen wurde schon als kleines Kind genau wie unser Vater von unseren Großeltern als „dreckiger Bastard" bezeichnet. Ich konnte diesen tiefen Hass ihm gegenüber nie begreifen – er war doch einfach nur ein Kind! Doch auch bei unseren Großeltern hagelte es immer wieder Schläge für ihn. Ich bin mir sicher, dass all diese ungerechte Ablehnung seines puren Daseins dafür verantwortlich ist, dass mein Bruderherz so hart werden musste. Liebe gab es für ihn einfach nicht. Stattdessen wurde er Druck, Ablehnung und ungerechter Behandlung im Übermaß ausgesetzt.

Was er auch immer an Liebem und Gutem tat – und das konnte er richtig gut –, es wurde ignoriert. Es war für ihn sicher sehr schwer, damit klarzukommen, dass seine große Schwester immer so hochgejubelt wurde. Und ich glaube, dass viele unserer Kloppereien da ihren Ursprung hatten, dass er auch mich zeitweise deswegen nicht mochte. Wer könnte ihm das verübeln? Es war einfach ungerecht.

Dass aus diesem Menschen, der so unfair behandelt wurde, das wurde, was er heute ist, ist ein reines Wunder. Er ist ein Familienmensch, spirituell und er hält auf seine Art die ganze Familie zusammen. Auch unsere Mutter, auf die er aus so vielen Gründen schlecht zu sprechen sein könnte, hat er in seinem Haus aufgenommen.

Dass er zuvor über einen holprigen Pfad gehen musste, habe ich schon angedeutet – und schon im nächsten Kapitel kannst du mehr dazu lesen. Vielleicht schreibt Tony dazu irgendwann sein eigenes Buch – oft genug vorgeschlagen wurde es ihm ja.

Mein Bruder Tony und seine Fatima
Foto: privat

Die dunkle Seite

Tony war, wie gesagt, lange Zeit ein Bilderbuchkind. Doch irgendwann kippte das, und er begann, einen sehr dunklen Weg einzuschlagen.

Während ich in der Schule und in der Musik Erfolge feierte, entwickelte er sich in die absolut entgegengesetzte Richtung: Die Schule langweilte ihn ziemlich schnell, denn durch seine unerkannte Hochbegabung war er total unterfordert. Und natürlich war das Ganze ein Teufelskreis. Durch den Umstieg auf die dunkle Seite und die durchgehende Unterforderung im schulischen Bereich wurden auch Tonys Noten zunehmend schlechter.

Jedoch nutzte er seine Intelligenz bald für andere, sehr gefährliche Dinge. Zuerst waren es nur kleine Betrügereien in der Schule. Mit acht oder neun Jahren jedoch war er bereits ein Meisterdieb. Er nahm mich auch mal auf eine seiner „Kellertouren" mit und zeigte mir, wie fix er bei den damals so angesagten Zahlenschlössern am Fahrrad nur durch Hören der Schlossgeräusche jedes dieser Teile knacken konnte.

Eine wahrhafte Goldgrube für ihn und seine Kumpels, die alle nicht älter als zehn Jahre alt waren, war der Keller unserer Kioskbesitzerin. Dieser war mit allem gefüllt, was es in der damaligen DDR so gut wie nie zu kaufen gab: echtes Ketchup, Mandarinen in der Dose, Schokoaufstrich und vieles mehr. Mein Bruder brachte mir bei, Schlösser zu knacken, und schon bald waren wir als Geschwister-Duo auf Achse, um uns das zu holen, was wir sonst nie bekommen hätten. Ich liebte diesen Nervenkitzel – als immer artiges Vorzeigemädchen übte diese dunkle Welt eine starke Anziehungskraft auf mich aus. Als Krönung für eine gelungene „Tour" kochte ich uns immer gebratene Spaghetti mit Ketchup, und alle waren glücklich. Tony verkaufte mittlerweile sein Diebesgut auch schon an ältere Schüler, und sein Handel als noch nicht mal Zehnjähriger florierte. Meiner Meinung nach holte er sich auf diese Art die

Dinge, die er anders nicht bekommen konnte. Für mich als Musterkind war es auf der anderen Seite spannend, das eine oder andere Mal dabei sein zu können. Es war ein Erlebnis, und ich war damals der Ansicht, dass uns das einfach zustehe. Unsere Mutter bekam von unseren Diebeszügen nichts mit, bis mein Bruder von irgendjemandem aus seiner Klasse verpetzt wurde. Es gab mächtig Ärger mit den Lehrern und seine erste Strafe als Konsequenz für seine Taten.

Strafen änderten jedoch nichts an seinem Leben – er wurde nur besser und raffinierter in der Umsetzung. Und letztlich – doch das sollte noch viele Jahre dauern – wurde Tony einer der größten Verbrecher vor der Jahrtausendwende. Ein Pate, berühmt-berüchtigt, und weltweit von Interpol gesucht. Du schüttelst den Kopf? Das verstehe ich. Und doch ist es die Wahrheit, wie du später selbst herausfinden kannst. Eine Hardcore-Karriere. Und dabei hatte alles begonnen wie ein Kinderspiel.

Es wird noch dunkler

Als ich 19 Jahre alt war, kam mein Bruder mal mit den Worten auf mich zu: „Diana, lass uns was Größeres machen. In Serie. Ich hab immer wieder Master- und Visacards, das lohnt sich. Ich bin aber zu jung und sehe bei Weitem nicht volljährig aus". Eigentlich war klar, dass die Karten nur aus Diebstählen sein konnten, aber ich dachte nicht eine Sekunde wirklich darüber nach. Ich war immer enorm neugierig und wollte alles ausprobieren, erleben und wissen.

Mein Gerechtigkeitsbewusstsein sträubte sich zwar ein bisschen, und auch das „gute Mädchen" in mir dachte, das darf man doch nicht, es ist falsch, es könnte gefährlich sein. Doch mein Bruder überzeugte mich, dass da nichts passieren könnte, es sei ein „völlig sicheres Ding". Natürlich war ich damals auch sehr empfänglich für all das, was wir nie gehabt hatten. Die Wende zeigte uns auf einmal überall in den Läden das, was wir nur aus dem Fernsehen kannten und für uns unerreichbar war. Plötzlich war alles in echt da, wir mussten nur zugreifen – und das taten wir.

Mein Bruder erklärte mir das Ding mit den guten alten Kreditkartenschiebern. Diese transportablen schwarzen Dinger gibt es, glaube ich, heute gar nicht mehr. Man legte die Kreditkarte in eine Ausnehmung, der Verkäufer legte Durchdrückpapier drauf, ratterte mit dem Oberteil des Geräts darüber. So wurde ein Abdruck der Karte auf dem Papier produziert, den man nur noch unterschreiben musste. Die meisten Shops hatten damals so etwas, bevor man aufs elektronische System umstieg. Kaum hatte ich mich versehen, war ich auch schon in der Clique meines Bruders drin. Er sagte mir, wo ich etwas einkaufen könnte. Er hatte seine Adressen, die er und seine Kumpels zuvor auskundschafteten, damit bei unserem Auftauchen alles safe war. Es sollte zum Beispiel immer nur ein Verkäufer im Laden sein. Gekauft wurden Uhren, Autoradios, Schuhe und Lederjacken – natürlich ausschließlich im hochpreisigen Segment.

Als wir das erste Mal zusammen unterwegs waren, hatte ich noch ziemlich Bauchkribbeln und war einigermaßen nervös, doch ich wurde von Mal zu Mal entspannter. Wir wurden ja auch nie erwischt, und in der Gegenwart von Tony fühlte mich ohnehin immer sehr sicher. Er war eben schon frühzeitig ein Super-Stratege mit Top-Führungsqualität, auch wenn sein Ehrgeiz in eine schräge und unheilvolle Richtung ging.

Wie viele Touren wir insgesamt gemacht haben? Keine Ahnung, aber es waren nicht wirklich viele. Heute würde ich an solche krummen Dinger natürlich nicht mal mehr denken, aber offenbar tickte ich damals deutlich anders. Ich sah es wohl aus dem Blickwinkel der Gerechtigkeit – mit welchem Recht wurden wir im DDR-System bewusst klein und arm gehalten? Meiner damaligen Meinung nach stand uns nun endlich zu, das zu bekommen, was andere schon jahrzehntelang hatten.

Du siehst, mein Rechtsempfinden war, ähnlich dem meines Bruders, damals etwas eigen. Um es noch einmal ganz klar zu sagen: So dachte ich damals! Heute, als Erwachsene, ist mir klar, dass das grundfalsch war, und ich weiß, ich kann von Glück sagen, dass ich da mit noch nicht mal einer Schramme rausgekommen bin. Ich durfte kurz in der dunklen Ecke mitspielen und war früh genug wieder draußen, um ohne Schaden davonzukommen. Glück gehabt!

Tony, der Pate

Mein Bruder Tony machte als Top-Stratege in der dunklen Ecke hingegen so richtig Karriere – und hatte in der Folge weniger Glück, um es milde auszudrücken. Wieder einmal! Er war mit 18 Jahren in der polnischen Mafia, im Zigarettenschmuggel an gleich drei Grenzübergängen und an der gesamten Oder tätig, und bald wurde er richtig groß. Er hatte seine Leute überall, und so war sein kometenhafter Aufstieg nicht mehr zu stoppen.

Ich selbst hatte zu diesem Zeitpunkt Frankfurt längst verlassen und in Weimar begonnen, klassische Gitarre zu studieren. All die Aktivitäten meines Bruders bekam ich erst viel, viel später mit. Und dennoch – alles, was er machte, prägt mich irgendwie mit, bis heute. Deswegen wirst du hier noch etwas tiefer in die Gangster-Ecke schauen. Denn nun ging es erst richtig los – es sollte sich zu einem richtigen Filmstoff aufbauen.

Tonys Deals waren in der Szene damals legendär: immer erfolgreich und mit mega Output. Da, wo er war, war das Geld. Und er sorgte für seine Leute, denn so bekam er auf eine andere Art Familie und Anerkennung. Er erarbeitete sich in kürzester Zeit Dinge, die sich die meisten nicht einmal im gesamten Leben anschaffen können: etliche Autos und Wohnungen, Häuser – alles high class. Leider war das auch die Hoch-Zeit seines Kokskonsums, und mein Bruder wurde zum großen Genießer. Das ist im Übrigen einer der größten Unterschiede zwischen uns, denn ich hab bis heute nie Drogen im ursprünglichen Sinne genommen – meine „Drogen" sind Kaffee und Sport. Er hingegen probierte so ziemlich alles aus.

A long story short: Mein Bruder wurde bald in ganz Deutschland per Haftbefehl gesucht. Menschenhandel, Inverkehrbringen von Falschgeld, Drogengeschäfte. Er war der Erste, der in Deutschland chemische Drogen in Umlauf brachte.

Es gab nichts, was er nicht machte. Er war schlicht in alles involviert, was es vor der Jahrtausendwende auf der Ostseite gab – was Tony anfasste, machte er entweder richtig oder gar nicht, und das ist bis heute so. Wegen des Haftbefehls in Deutschland konnte ich ihn mittlerweile nur noch in Polen besuchen und war wirklich gern – wenn auch sehr selten – bei ihm zu Gast. Das war für mich immer wie in einem Film: Allein sein Name öffnete uns alle Türen, und jeder, mit dem wir zu tun hatten, nahm sofort Haltung an.

Er war halt sprichwörtlich der Pate – mein kleiner Bruder war zum größten Gangster des Ostens geworden! Auch das habe ich erst viel später in all seiner Tragweite begriffen. Wie schon erwähnt, war unser Kontakt damals eher sporadisch und ich offenbar sehr naiv. Unser beider Welten hätten gar nicht konträrer sein können zu dieser Zeit: er der Boss des Bösen, ich die umjubelte Konzertgitarristin in der sensiblen Klassikwelt.

Irgendwann passierte dann das wohl Unausweichliche. Das, was passiert, wenn man zu lange mit dem Teufel tanzt: Tony wurde reingelegt, und sein Leben änderte sich von einer Sekunde auf die nächste. Seine Gefangennahme war, wie alles in seiner Gangster-Karriere, filmreif: Er wurde nach krasser Auto-Verfolgungsjagd von einem Spezialkommando von der Straße gerammt und weggeschossen. Es muss wirklich übel gewesen sein! Radio, Fernsehen, Zeitungen – alle berichteten davon. Als Höhepunkt wurde die Wohnung unserer Mutter durchsucht und ihre Türschlösser ausgetauscht, sodass sie nicht einmal mehr in ihre eigene Wohnung kam. Ich glaube, den Schock hat sie nie überwunden.

Man hatte meinen Bruder natürlich auch auf polnischer Seite längst auf dem Kieker gehabt. Allerdings hatte man ihm lange nichts nachweisen können, außer dass er an dem Tag einen falschen Pass mit sich herumtrug. Das allein reichte, um ihn dingfest zu machen. Es war ein bisschen wie bei Al Capone – kaum hatten sie ihn, machten sie sich daran, alles, was irgendwie ging, gegen ihn aufzufahren. Man wollte ihn einfach nur wegsperren – und das gelang auch. Tony bekam siebeneinhalb Jahre und die höchstmögliche Sicherheitsstufe in Polen (P1+). In dieser Zeit lernte er sieben polnische Gefängnisse kennen und wurde immer wieder wegen Fluchtgefahr verlegt. Er war fortan nur noch mit Mördern, Psychopathen und anderen Mafiosi eingesperrt. Und er erlangte durch eine weitere Premiere als erster Deutscher im geschlossenen Vollzug in Polen zusätzlich traurige Berühmtheit.

Zu Besuch im Gefängnis

Wenn ich an meinen ersten Gefängnisbesuch in Polen in Stargard denke, wird mir heute noch ganz schlecht und ich habe das Gefühl, als würde mir die Luft abgeschnürt. Das war das Schlimmste, das ich je erlebt habe. Und so furchtbar, weil es eben echt war und kein Film. Ich sehe noch jetzt, Jahrzehnte später, alles vor mir, als wäre es gestern gewesen. Die Gefängnistore, die Schleusen, die Gänge und die Wartezimmer, den Stacheldraht, die Gitter, die Wärter und die Waffen – ich fühle diese Beklemmung und Angst noch heute.

Ich war immer mit meiner Mutter zusammen dort. Auf der langen Autofahrt ins Gefängnis machten wir uns gegenseitig Mut, jede wollte die andere aufbauen, damit wir vor Tony keine Schwäche zeigten, die ihn runterziehen könnte. In diesen dunklen Stunden haben wir als Familie erstmals wirklich zusammengehalten. Warum ging das eigentlich nicht schon früher? Doch das ist nur die eine Seite der Medaille, denn was mein Bruder aufführte, um umgekehrt uns in Sicherheit zu wiegen, das sollte ich erst viel später erfahren.

Tony hatte mir vorher schon immer gesagt: „Diana, du musst verstehen, wenn du in den Knast kommst, beginnt ein neues Leben!“

Was er damit meinte, war: Man muss sich an die Gegebenheiten da drinnen rücksichtslos und kompromisslos anpassen, die Welt da draußen gibt es nicht mehr. Wenn Besucher von außen kommen, die ja in ihrer normalen Welt weiterleben, dann ist das für den drinnen, der in jeder Sekunde um sein Leben kämpft und in diesen sehr speziellen Knasthierarchien klarkommen muss, ganz schlimm. Wohlgemerkt sprechen wir hier von Hardcore-Gefängnissen, nicht einer beliebigen Vollzugsanstalt in Deutschland.

Das heißt, wenn wir ihn in den besten Absichten besuchen kamen, dann war das für ihn auch immer eine schwere Belastung, sich jetzt wieder – zumindest in der Erinnerung – auf das normale Leben draußen einzustellen und unsere Fragen so zu beantworten, dass wir damit umgehen konnten. Wie es wirklich war, hätte er uns nicht sagen können. Wir hätten es nicht verstanden und wären schwer geschockt gewesen. Also spielte er voll Theater für uns.

Tony war bei unseren Besuchen wie immer: mental gut drauf, lachte mit uns, machte Scherze mit den anderen Gefangenen im Besuchsraum und war auch mit den Wärtern offensichtlich dicke. Auf diese Art brachten wir drei da echt Stimmung in die Bude, und so ersparten wir uns gegenseitig, dass er uns erzählen musste, wie es drinnen wirklich war. Stargard ist eben eines der krassesten Gefängnisse Polens, in denen nur der Stärkste überlebt und es natürlich zum Ruhm jedes einzelnen Häftlings beigetragen hätte, den „Paten“ um die Ecke zu bringen.

Ich spürte unterschwellig, dass hinter dem Besuchsraum eine Hölle sein musste, die mein Bruder aber dank seiner unfassbaren mentalen Stärke für uns in diesen kurzen Stunden zu dritt in Schach hielt.

Er hatte hier und in jedem der anderen insgesamt sieben Gefängnisse alles unter seiner Kontrolle. Alles und jeden. Der geborene Boss eben. Woher er das wohl hat?

Jedenfalls nicht von unserer kindlichen Mutter, und auch nicht von unserem wehleidigen Vater, Gott hab ihn selig.

Was er mir später, lange nach seiner Entlassung, von der Gefängniszeit erzählte, war noch wesentlich schlimmer, als ich es mir in den wüstesten Vorstellungen hätte ausmalen können, und noch heute kann ich als Atheistin nur Gott danken, dass er das überlebt hat. Es war wie ein wahrgewordener Horrorfilm dort drinnen: Ständig gab es Tote, ständig wollte man Tony umbringen. Er schlief immer mit einem Messer, das er jeden Tag in seine Achtmannzelle schmuggeln und dort verstecken musste.

Apropos Gott: Wie die meisten DDR-Kinder bin ich nicht getauft, bin aber nichtsdestotrotz zutiefst gläubig. Meine Eltern sind übrigens beide getauft; meine Mutter evangelisch, mein Vater war wie seine ganze Familie Mitglied der neuapostolischen Kirche, und so trafen sich alle, vor allem die Verwandten väterlicherseits, jedes Wochenende zur sogenannten „Stunde“ bei unserer Uroma. Da saßen alle Erwachsenen an einem langen Tisch zusammen. Mein Opa, also der Vater meines Vaters, war der Chef im Ring und war fürs Reden zuständig. Wir Kinder mussten einfach nur still in der Ecke sitzen und schweigen. Das war für uns immer total langweilig – bis auf die wenigen Male, bei denen wir West-Schokolade bekamen.

Worüber genau gesprochen wurde, daran kann ich mich nach der langen Zeit nicht mehr erinnern, aber soweit ich weiß, waren es hauptsächlich menschliche Themen im normalen Leben, der Zusammenhalt in der Familie und das Urvertrauen in Gott.

Er war mit hochgradig gefährlichen Psychopathen und Mördern auf engstem Raum eingesperrt. Und keiner von denen hatte irgendetwas zu verlieren. Tony war mit Abstand der Jüngste dort, zudem, wie schon erwähnt, der einzige Deutsche. Jeder Tag war ein Kampf ums Überleben. Und er schaffte das Unmögliche: Er überlebte. Tony überstand etliche Versuche, ihn abzustechen. Zumindest körperlich. Dass er seelisch für den Rest seines Lebens an diversen Traumata arbeiten muss, ist eine andere Geschichte. Mit den Folgen kämpft er seitdem täglich.

Verbunden in guten und bösen Zeiten

Warum ich dir das alles über meinen Bruder erzähle? Weil wir verbunden sind! Weil alles, was er durchlebte, was er an Stärke aufbauen musste, auch mich energetisch geformt hat. Ich habe diesen Reifeprozess anders durchlaufen – hauptsächlich über Beziehungen zu Männern, doch dazu später mehr, versprochen. Jetzt nehmen wir noch einen wichtigen Schwenker mit. Du fragst dich sicher: Wie genau ging das mit Tony im Knast weiter?

Tony hatte Glück. Er war auf seine Art ein Medienmagnet, alle berichteten lang und breit über einen gewissen „Peter K.", was ihm bei seinen Gefängniswärtern und den sogenannten „Gripsern", also den eigentlichen Machern in den Gefängnissen, half. Er war ein „Star" und blieb auch im Knast ein Pate, schaffte es, seine Geschäftstätigkeit im Vollzug weiterzuführen – drinnen wie draußen. Mein Bruder versorgte fortan die Gefängnisse mit Drogen und war somit sogar dort eine der großen Nummern.

Nach drei Jahren Polen-Knast wurde Tony endlich von seinen Leuten freigekauft. Alles und jeder wurde bestochen und eingekauft: vom Direktor des Gefängnisses, in dem die Verhandlung stattfand, über den Staatsanwalt bis hin zum Richter. Sie alle bekamen Geld und er im Gegenzug seine

Freiheit. Eine große Hilfe in diesem Prozess war der polnische Wunderanwalt Herr Sokolowski (Name geändert), der, dem die Verbrecher vertrauen – Spaß beiseite, so war es nun mal.

Tony wurde damit – wieder eine Premiere! – zur ersten unerwünschten Person Polens erklärt und musste sich bereit erklären, Polen sofort zu verlassen und nie wiederzukommen. In Deutschland rieb man sich die Hände – hier wartete man sehnlichst auf seine Auslieferung.

Doch er entging dem Haftbefehl in Deutschland, indem er die nächsten Jahre quasi im Exil verbrachte: Sein Traumland Gambia sollte für lange Zeit sein vielleicht erstes richtiges Zuhause werden, und dort traf Tony auch seine große Liebe Fatima. Inzwischen sind die beiden über 20 Jahre verheiratet. Meine Schwägerin ist einer der liebsten Menschen, die auf dieser Erde leben. Ich bin zutiefst davon überzeugt, dass Tony, wenn er Fatima nicht getroffen hätte, heute in Kolumbien wäre oder tot – oder beides. Sie war seine Rettung.

Alles wurde gut – bis auf seine Gesundheit. Tony ist leider unheilbar herzkrank – er leidet unter HOCM – und die Ärzte geben ihm nicht mehr viele Jahre. Doch mein Bruder ist so stark wie niemand sonst auf dieser Welt, und so weiß ich, dass er uns und allen Medizinern zeigen wird, dass man auch mit dieser heimtückischen Krankheit steinalt werden kann, wenn man Geist und Körper darauf einstellt.

So beschissen diese Erbkrankheit auch ist, hat sie doch ihre positiven Seiten, wie alles im Leben. Sie schweißt uns noch mehr zusammen – als Bruder und Schwester, aber auch größer betrachtet als Familie. Zusammen mit Fatima und meinem Neffen Jimmy, Tonys und Fatimas Sohn, bilden wir eine Einheit. Einer für alle, alle für einen. Auch wenn uns im Alltag viele Kilometer trennen – Tony und seine Family leben in Frankfurt an der Oder, ich inzwischen in München –, sehen wir uns so oft es irgend möglich ist.

HOCM – Hypertroph-obstruktive Kardiomyopathie

Die HOCM ist eine Erkrankung des Herzmuskels. Das Hauptmerkmal der HOCM ist eine verdickte Wand der linken Herzkammer, die den Blutstrom aus dem Herzen behindert. Dadurch kann es zu Sauerstoffunterversorgung kommen. Die Erkrankung ist nicht heilbar und geht gelegentlich mit lebensbedrohlichen Symptomen einher.

Tony und ich leben heute das an Familie, was wir als Kinder nicht hatten. Du fragst dich vielleicht, wieso ich mit der dunklen Vergangenheit meines Bruders so gut zurechtkomme? Nun, auch wenn mein Bruder schlimme Sachen gemacht und sich weit außerhalb der Gesetze bewegt hat, hat er einerseits reichlich dafür bezahlt.

Andererseits ist und bleibt er für mich einer der großartigsten Menschen auf diesem Planeten – mit der bedingungslosen Liebe zu seiner Familie, seiner übermenschlichen Stärke, seiner Weisheit, seiner Dankbarkeit, seinem unerschöpflichen Mut, seinem großen Herzen und seiner Kraft, verzeihen zu können. Ich kann noch immer so viel von ihm lernen – jetzt gerade ist es die eher profane Kunst des Kochens.

Ich glaube wir, Tony und ich, sind nur so stark geworden, weil wir so schwache bis nicht existente Eltern hatten. Wenn du in miesen Bedingungen wachsen willst, brauchst du einfach von Haus aus viel Kraft und jede Menge Resilienz. Wir hatten weder ein übermäßig gutes Elternhaus noch Geld. Aber möglicherweise hat uns gerade das zu den starken Personen werden lassen, die wir heute sind. Ich mache meine Mutter nicht für unsere kindliche Misere verantwortlich; ich denke, sie kannte es selbst nicht anders und wurde dadurch zu der Person, die sie eben ist.

Sicher hatte sie es nicht leicht, nachdem unser Vater verschwand – warum auch immer er wirklich gegangen ist. Ich kann es nicht beurteilen, denn alles, was ich weiß, habe ich nur aus Erzählungen der einen oder der anderen Seite. Und wie soll sie etwas wie Liebe weitergeben, wenn sie sie selbst nie bekommen hat?

Eine alte, weise Frau erzählte mir einmal, dass man sich seine Eltern aussucht. Damals war ich etwas verärgert und habe sie insgeheim für verrückt erklärt. Nachdem ich inzwischen mehr Spiritualität in meinem Leben zulasse, meine ich, dass sie tatsächlich recht haben könnte.

Und ich glaube an Energien. Kennst du den Energieerhaltungssatz in der Physik? Genau: In einem abgeschlossenen System ist die Summe aller Energien konstant und ändert sich auch nicht im Laufe der Zeit. Energien können sich nur in andere Energien umwandeln.

Aus meiner Sicht untermauert dieser Energieerhaltungssatz auch die Theorie der Reinkarnation. Falls du ein rationaler Typ bist wie ich, der mit „Esoterikkram" normalerweise nicht viel anfangen kann, klingt das sicher sehr strange. Aber lass den Gedanken einfach einmal zu.

Wenn wir unsere Familie – Vater, Mutter, Tony und mich – als so ein System betrachten, dann könnte es sein, dass mein Bruder und ich eben nur so unglaubliche Stärke entwickelt haben, weil unsere Eltern so schwach waren beziehungsweise sind.

Vielleicht konnte ich nur so zu der werden, die ich bin. Ich lasse das jetzt einfach mal so stehen. Du kannst dir 'n Käffchen holen und das sacken lassen, und wenn du magst, dir auch überlegen, wie das bei dir und deinen Eltern so ist. Vielleicht ergänzt ihr euch auch in einer Art, dass die einen das haben, was den anderen fehlt?

Klar, früher wünschte ich mir von Zeit zu Zeit nichts sehnlicher als richtige Eltern. Aber so ist das Leben halt manchmal. Ich hatte ja, wie schon erwähnt, meine Musik. Meine Gitarre war mein Leben. Und das sollte sie auch noch eine lange Zeit bleiben.

Thank you for the music

Foto: privat

Thank you for the music

Ballettratte? Leider nein!

Eigentlich wollte ich ja immer Balletttänzerin werden. Mit so ein bisschen Tutu und ganz in Rosa durch die Kante springen. Wieso, das weiß ich auch nicht genau, denn mit Babyrosa kannst du mich jagen! Immer, damals schon und auch jetzt! Auf jeden Fall hatte ich im Kindergartenalter diese Idee von mir als zarte Ballerina. In der DDR kamen die Talentscouts bereits in die Kindergärten, um zu sichten, wer wofür ein besonderes Talent hatte. Als die Ballett-Scouts kamen, war ich Feuer und Flamme. Meine Oma begleitete mich wie immer. Beim Aufnahmetest versuchte man, mich in alle möglichen Positionen zu biegen. Das lief nicht ganz so gut, und ich scheiterte an meiner eigenen Unbiegsamkeit. Ich war weit davon entfernt, einen Spagat zu schaffen, und war wahrscheinlich damals auch noch so ein bisschen vermoppelt. Also, eigentlich war ich einfach normal gebaut, allerdings weder filigran noch elfengleich zart. Und schon gar nicht biegsam. Also wurde es nichts mit Ballett. Ich war traurig und enttäuscht.

Die Gitarre und das Mädchen

Auch beim Gitarre spielen bekam ich erstmal den symbolischen Stock zwischen die Beine. Ursprünglich interessierte mich Musik wenig. Ich kämpfte ja noch mit meiner Niederlage, was das Ballett betraf. Als dann die Musik-Talentscouts auftauchten, machte ich aber doch einen Aufnahmetest für die Musikschule, und man bescheinigte mir durchaus musikalisches Talent. Warum oder wie das zustande gekommen ist, weiß ich nicht mehr. Die Aussage von einem dieser Scouts aber habe ich heute noch im Ohr. Er sagte zu mir, in meinem zarten Alter: „Deine Finger sind ganz krumm. Damit wirst nie ordentlich Gitarre spielen können. Nie!" Ich hingegen wollte entweder Gitarre lernen oder gar nichts. Und schließlich durfte ich entgegen seinem Rat mit meinen fünf Jahren in die Musikschule gehen und konnte ihm und allen anderen Skeptikern beweisen, dass man auch als Krummfinger durchaus Gitarre spielen und damit sogar Karriere machen kann. Meine Mutter hatte zwar kaum Geld, trotzdem bekam ich dank meiner Großeltern gleich eine Gitarre und bald schon wurde ich als Wunderkind gehandelt.

Ein Wunderkind zu sein, bedeutete auch täglich viele Stunden zu üben. Für andere wäre das vielleicht eine weniger attraktive Vorstellung gewesen, für mich war es einfach ein Traum. Ich war beim Gitarre spielen ganz in meiner Welt, die so anders war als die harte Realität, so zart und fein. Hier lernte ich, Gefühle zuzulassen und auszudrücken, aber auch an meiner Disziplin und meinem Mut zu arbeiten. Und genau das sollte eine Schlüsselkombination für mein ganzes weiteres Leben darstellen.

Fast forward: Während ich in weiterer Folge sowohl die zehnte Klasse als auch das Abitur erwartungsgemäß mit Auszeichnung abschloss, trat ich schon als talentierte Gitarristin auf Konzertbühnen auf und nahm an etlichen internationalen Wettbewerben teil. Meine Gitarrenlehrerinnen, allen voran meine geliebte Frau Heidenreich, die für mich wie eine Mutter und Oma in einem war, öffneten mir eine Welt, die mir bis heute und für immer so viel bedeutet. Oh mein Gott, was wäre meine Welt ohne Musik?

Musik sollte zu einem Grundnahrungsmittel erklärt werden, sie ist so wichtig wie Wasser und Brot. Ich denke, jeder, der ein Musikinstrument erlernt, hat Zugang zu einer anderen Dimension an Gefühlen. Wie sich nur in einem einzelnen Ton oder Tonschritt eine ganze Welt entwickeln kann, wie man „sterben" oder „auferstehen" kann über und mit Musik. Sie heilt unsere Seele, lässt uns wachsen und begleitet uns, wenn wir trauern, sie lehrt uns Liebe, Freude, Ekstase, Leben. Sie ist essenziell und lebensnotwendig für die gesunde Entwicklung eines Menschen.

So schade, dass der Musikunterricht in der Schule bis auf wenige glorreiche Ausnahmen so stiefmütterlich behandelt wird. Gerade im Musikunterricht, wie wir ihn kennen, erleben leider Jungs oft die peinlichsten Momente ihrer Schulzeit, wenn sie mitten im Stimmbruch gezwungen werden, vorzusingen. Und auch für viele Mädchen ist das gnadenlose Vorführen vor der gesamten Klasse öfter mehr traumatisches Erlebnis als Vergnügen. Dabei könnte Musik so sehr bereichern! Am besten funktioniert das über das Erlernen eines Instruments, übrigens in jedem Alter. Du musst ja gar nicht die Vision haben, ein umjubelter Musikstar zu werden – es genügt für einen Start, wenn es sich gut und richtig anfühlt und du Spaß daran hast.

Das Wichtigste, was mir meine Musiklehrerinnen mitgegeben haben, waren Fähigkeiten, die mich auch außerhalb des Musikunterrichts stärkten. Fähigkeiten, die mir meine Eltern nicht geben konnten, wie das Setzen und Erreichen von Zielen, Disziplin, Respekt vor anderen, Dankbarkeit, aus Misserfolgen stärker hervorzugehen, die Akzeptanz von Fehlern. Gerade eine funktionierende Fehlerkultur ist enorm wichtig für uns alle. Sie ist Voraussetzung, um sich weiterentwickeln zu können. Ich habe auch Demut gelernt, Teamwork, mich immer wieder neu herauszufordern, Erfolge genießen zu können und darauf stolz zu sein. Und noch einen weiteren, ganz wichtigen Punkt: Pause ist auch Training. Man kann hier durchaus eine Parallele zu Sportlern ziehen. Vor allem, wenn die Intentionen über den Status eines normalen Hobbys hinausgehen und du mehr erreichen willst. Ab diesem Punkt ist auch der Energieaufwand mit dem eines Sportlers vergleichbar. Ich habe täglich meine vier Stunden geübt, später sogar acht Stunden – das ist Leistungssportniveau.

Das Leiden der Stühle

Mit meinen maximal 50 Kilo war ich zwar ein Leichtgewicht, die armen Stühle litten dennoch, wenn ich sie beim Spielen mit meinen Bewegungen an ihre Grenzen brachte. Ich war so voller Elan, dass ich fast vom Stuhl fiel. Man musste immer drauf achten, dass die knarrenden Geräusche nicht die Musik störten, weil ich mich so reingelegt habe. Doch auch mich selbst brachte ich an die körperlichen Leistungsgrenzen: Nach meinen Konzerten war ich regelmäßig schweißgebadet. Meine Lehrerinnen taten ihr Bestes, um mich beim Spielen etwas ruhiger zu halten, aber ich hatte einfach zu viel Energie.

Es ist eine meiner größten Stärken, mein fast außerirdisches Energielevel. Kein Scheiß. Doch erst jetzt, mit meinen über 50 Jahren, weiß ich das wirklich zu schätzen.

Music was my first love

Doch zurück zur Musik und meiner Musikerlaufbahn: Da mein Talent entdeckt und in der Musikschule gefördert wurde, gehörten Musikwettbewerbe und damit Konzerte zu meinem Leben. Mit fünf ging's los, mit sechs hatte ich bereits meine ersten Auftritte vor Publikum. Wirklich ernstzunehmende Konzerte folgten, als ich zehn Jahre alt war. So wurde ich im wahrsten Sinne des Wortes auf Bühnen groß und dank der Unterstützung durch meine Lehrerinnen lernte ich immer besser, meine Leistung punktgenau abzurufen. Noch als Teenie – es waren immer noch DDR-Zeiten – wurde ich europaweit auf Tour geschickt und als „die Kati Witt der Musik" gefeiert. Zugegebenermaßen in einem kleineren Bereich, der klassischen Musik, und damit natürlich nicht ansatzweise vergleichbar mit dem Ruhm, den Kati Witt zu Recht erhielt. Ich fuhr schon in jungen Jahren wöchentlich von Frankfurt/Oder nach Berlin zu Frau Ecke, einer meiner nächsten wichtigen Lehrerinnen, die mich bestens auf mein Musikstudium vorbereitete. Eine großartige Frau, die mich in wenigen Jahren mit ihren besonderen Methoden mental fit für die ganz großen Konzertbühnen machte. Hier lernte ich einmal mehr, wie wichtig mentale Stärke ist, wenn man zu den Gewinnerinnen zählen möchte.

Mit 18 Jahren war ich endlich fit für die legendäre Gitarren-Kaderschmiede der Musikhochschule „Franz Liszt" in Weimar bei der Koryphäe Prof. Roland Zimmer. Ich verließ meine Geburtsstadt Frankfurt / Oder und wusste, dass ich nie wieder zurückkommen würde.

Ich folgte also meiner Leidenschaft und meiner Liebe zur Musik, um in Weimar beim Studium meine erste menschliche Liebe kennenzulernen: Sein Name war Dirk und er spielte Trompete. Und ja, er bestätigte alles, was man sich so über Trompeter zuraunt. Was das ist? Falls du noch nicht das Vergnügen hattest: Nicht zu Unrecht sagt man Trompetern nach, dass sie mit ihren gut trainierten Lippen ausgezeichnete Küsser sind. Nebenbei war er groß, stark, cool und hatte ein Lächeln, das man nie wieder vergisst.

Dirk studierte Klassik wie ich – auf seinem Instrument, der Trompete – und spielte nebenbei in einer Punkband. So öffnete sich mir nochmal eine völlig andere musikalische Welt, in die ich langsam, Schritt für Schritt, hineinkam. Für mich, die ich mit Disco und Pop aufgewachsen war, war Punk anfangs völlig unklar. Mich faszinierte jedoch die gesamte Szene, die damals, Ende der Achtziger, Anfang der Neunziger-Jahre, noch wirkliche Inhalte hatte und enorm progressiv war. Mich interessierten die Menschen, die bunt und laut waren, und deren Energie half mir dabei, mich schließlich mit dem Punk anzufreunden. Dieses Interesse ging im Laufe der Zeit auch auf den Hardcore- und Metal-Bereich über, und schon bald war ich mittendrin. Dem Metal und Hardcore bin ich bis heute treugeblieben, dem Punk eher nicht. Die großen Klassiker von „Sepultura", „Slayer", „Carcass" und Co. höre ich heute noch in bestimmten Situationen gerne, allein und laut. Doch zurück zur Punk-Musik: Dank Dirk hatte ich die Möglichkeit und das große Glück, immer wieder mal in seiner Band „Mandata" an der Gitarre oder am E-Bass zu spielen. Immer dann nämlich, wenn einer aus der Originalbesetzung grad nicht konnte, was glücklicherweise des Öfteren vorkam.

Foto: privat

So konnte ich nicht nur klassische Konzerte geben, sondern parallel dazu auch als Punk-Gitarristin performen. Und bevor du fragst: Nein, ich hatte keinen Punk-Iro[7]! Ich blieb immer weiblich, sexy und in meinem eigenen Style. Hier halt leicht „abgefuckt" – das sah megacool aus, das kannst du mir glauben! Doch während ich im siebten Liebes- und Musik-Himmel schwebte, schwebte bereits ein riesiger Schatten über mir. Es bahnte sich die für mich persönlich größtmögliche Katastrophe an, die mein ganzes weiteres Leben über den Haufen werfen sollte. Bereits am Anfang meines Studiums klagte ich über Schmerzen in meinem rechten Unterarm. Anfangs nahm ich sie noch locker und ignorierte sie gekonnt, doch bald wuchsen sie sich zu einem echten Problem aus.

---

[7] Beim Irokesenschnitt (auch kurz „Iro") werden die Haare an den Seiten des Kopfes abrasiert, während in der Mitte des Kopfes von der Stirn bis in den Nacken die Haare mittels Haarsprays etc. „gesträubt" werden.

Als ich endlich zu einem Arzt ging, stellte dieser eine bereits chronisch gewordene Sehnenscheidenentzündung fest. „Das ist mit Ihrem Übungspensum völlig inkompatibel und leider unheilbar", erklärte er mir mit Mitgefühl in der Stimme. Doch das würde, das konnte ich nicht zulassen! Es ging da um mein Leben, um das Einzige, das ich jemals gewollt hatte! So gestand ich mir diese vermeintliche Schwäche einfach nicht zu – ich übte unter Schmerzen weiter. Bis dahin hatte ich gelernt, dass man Schwächen nicht zulässt und für ein Ziel einfach nur hart genug arbeiten muss, um es zu erreichen. Jetzt kam eine neue Lektion hinzu: Demut und eigene Grenzen anerkennen.

Kleiner Spoiler: Dieses Ignorieren des eigenen Körpers und über die eigenen Grenzen Hinausgehen sollte sich später beim Bodybuilding wiederholen und mich beinahe das Leben kosten. Doch dazu später, viel später. Mittlerweile ist es eine lange Zeit, die ich nicht mehr Gitarre gespielt habe. Dennoch hat Musik ihren Stellenwert für mich nie verloren, und ich fühle mich auch heute noch als Musikerin.

Du fragst dich jetzt vielleicht, wieso ich das alles so zu 100 Prozent aufgegeben habe. Ich hätte ja auch weiter so fröhlich vor mich hinschrummeln können. Und ja, ein paar Jahre lang spielte ich tatsächlich noch unterm Tannenbaum zu Weihnachten. Aber wenn du einmal auf so einem Stand gewesen bist – ich glaube es ja bis heute manchmal selbst nicht, was ich alles erreicht habe! –, dann ist alles, was drunter ist, sinnlos. Daher hab ich die Gitarre komplett an den Nagel gehängt. Es würde mich nur unnötig schmerzen.

Trotzdem ist die Gitarre bis heute meine Rettungsinsel. Weil ich es noch fühle, ich hab das Gefühl, diese Gitarre zu spielen, mit ihr zu schweben und abzuheben in eine andere Welt, für immer in mir drin, und ich kann es abrufen, wann immer es mir schlecht geht. Dieses Gefühl hat wahrscheinlich das eine oder andere Mal in den vergangenen Jahrzehnten in so mancher aussichtslosen Situation mein Leben gerettet – im wahrsten Sinne des Wortes! Doch dazu kommen wir noch.

Eine unmögliche Wahl

Diese brutale Diagnose mitten in meinem Musikstudium stellte mich vor eine Wahl zwischen zwei Optionen, die beide nicht infrage kamen: Entweder müsste ich mein Übungspensum auf ein Minimum runterschrauben und am Ende des Studiums Musiklehrerin werden oder ich musste aufhören. Eine Wahl wie zwischen Pest und Cholera. Und mit dem erträumten Leben als Konzertgitarristin war es endgültig vorbei, so oder so. Ich fiel das erste und einzige Mal in meinem Leben in ein tiefes schwarzes Loch, war unfähig zu denken.

Mir meine Musik zu nehmen, war für mich wie mir die Luft zum Atmen zu nehmen. Alles, was ich jemals gewollt hatte, war Gitarre spielen. Nichts anderes interessierte mich. Lehrerin zu werden, war keine Option. Absolut nicht. Nachdem ich aus meinem Loch und meiner Unentschlossenheit nicht herausfand, entschied letztendlich meine Mutter für mich: „Du studierst Betriebswirtschaftslehre, damit kann man immer und überall etwas anfangen!" Mir war ohnehin alles egal, also fügte ich mich, auch wenn es zunächst grausam war. Ich war so was von keine BWL-lerin! Doch schließlich half mir ein Satz meiner früheren Gitarrenlehrerin Frau Heidenreich, an den ich mich erinnerte. Sie hatte immer gesagt: „Komm mit dem aus, was du hast und mach das Beste daraus." Und so schaffte ich es irgendwann, diese neue BWL-Situation anzunehmen, ich öffnete mich und begann, mich dafür zu interessieren. Und schon bald merkte ich, dass ich auch hier kreativ sein konnte. Marketing und Wirtschaftskommunikation entwickelten sich zu meinen Steckenpferden und siehe da, ich legte ein richtig gutes Diplom hin und hatte sogar Spaß dabei!

Keiner hätte sich das vorstellen können – ich selbst am allerwenigsten. Doch ich schaffte es, mein Leben neu auszurichten. Ich musste zwar auf meine Musik verzichten, aber dafür wartete eine neue, spannende Wirtschaftswelt auf mich.

Fotos links: Tino von Ohrdruf
Fotos rechts: privat

Ausschnitt aus der Zeitung „Neues Deutschland“

Ilka Melle, Diana Kretschmer und Antje Wohmann (v. l. n. r.) zeigten als Gitarrentrio der Bezirksmusikschule in Beeskow zum 5. Kammermusiktreffen bemerkenswerte Leistungen und wurden nach Magdeburg zum Zentralen Treffen delegiert.

Foto: Hans-Werner Funk

Von 0 auf 100 – Karriere im Turbomodus

Foto: privat

Immer alles anders als die anderen

Dirk, meine erste große Liebe, – du erinnerst dich? – sagte zu mir einmal etwas sehr Weises: „So machen es doch alle – mach's doch anders, und es darf ruhig auch schwieriger sein. So lernst du am besten!"

Das beherzige ich bis heute. Ich will nicht den schnellen Weg gehen, der mich sofort ans Ziel bringt. Was tu ich denn, wenn ich am Ziel angekommen bin? Gut, wenn es schnell gehen muss, dann kann ich auch schnell und punktgenau. Aber wenn es um Kreativität geht, nehme ich bewusst ein paar Schlenker mit, um aus dem System auszubrechen, auf diese Art Neues zu generieren und zu lernen. Da halte ich es ganz mit Konfuzius. „Der Weg ist das Ziel!"

Der Weg ist für mich das eigentlich Wichtige. Das Leben ist das Leben, und ich will ja nicht so schnell wie möglich gelebt haben, um nachher in Ruhe tot zu sein. Aus dieser Grundeinstellung ergab sich auch meine berufliche Laufbahn.

Von 0 auf 100

Karriere im Turbomodus

Als Moderatorin zu arbeiten, war nie mein Wunsch gewesen, und doch ergab es sich irgendwie so. Ich begann sehr früh damit, mit gerade 16 und noch ganz Kind der DDR. Damals las man noch exzessiv Zeitung, und genau dort entdeckte ich eines Tages eine Anzeige. Per Ausschreibung wurde eine Moderatorin für ein Musik-Event gesucht. Musik! Deshalb fühlte ich mich von dieser Annonce so angesprochen. Wie es genau herging, daran kann ich mich nicht mehr erinnern. Nur, dass ich auf die Anzeige antwortete und mich danach irgendwo vorstellte.

Und plötzlich moderierte ich eine Event-Reihe mit dem Titel „Jugendnächte". Da waren die großen DDR-Rockbands dabei, es war richtig klasse! Wie ich damals als Moderatorin war, möchte ich mir gar nicht so richtig vorstellen – schließlich bekam ich von niemandem Anweisungen. Ich wusste nur die Namen der Bands und den Ablauf. Ich redete einfach drauflos, frisch, frech, völlig angstfrei und wahrscheinlich auch ein bisschen süß. Da stand ich mit meiner Achtziger-Jahre-Kylie-Minogue-Dauerwelle und im selbstgeschneiderten Kleidchen von Omi, oben schwarz, der Stufenrock in Knalltürkis. Farbe war schon immer meins!

Ich hatte mich einfach ausprobieren wollen, weiter hatte ich nie geplant. Doch manchmal passieren Dinge einfach. Zahlreiche Personen erfuhren von meinen Moderationen, und auch später noch, als ich schon in Weimar studierte, kamen hier und da Anfragen und Aufträge. Vor allem in Sachen Mode. Da ich immer schon ein wenig speziell war, was meine Kleidung betrifft, stolperte ich des Öfteren in Moderationen von Modeschauen rein.

Ernst nahm ich es immer noch nicht. Doch ich sollte meinem „Schicksal" nicht entkommen, wie du gleich lesen wirst.

Ab ins Fernsehen? Nein, danke!

Während der Studienzeit verdiente ich mir mein Geld neben den Event-Moderationen auch mit allem anderen, was man als Studentin machen kann: Ich war Kellnerin, Klamottenverkäuferin, Messe-Promoterin, Interviewerin, Büro-Assistentin, Kabelträgerin im TV – pikanterweise genau dort, wo ich später als Moderatorin vor der Kamera stehen sollte. *grins*

Auch in meinen Sommerferien arbeitete ich. Ich suchte mir immer Orte aus, die mir zumindest Urlaubsgefühl gaben, manchmal gemeinsam mit Dirk, der damals noch der Meine war.

Die Schweiz war ideal für mich: ein bisschen Frankreich, ein bisschen Italien und ein bisschen Deutschland mit dem süßen Schweizer Akzent. Hier kellnerte ich in tollen, teuren Hotels und lernte sehr viel. Auch das Geld stimmte, und so konnte ich mir meine ersten Träume erfüllen: eine wunderschöne Uhr, die ich heute noch tagtäglich trage, und eine Zahnspange, die mich von einem schrägen Zahn befreite, sodass mein Lächeln nun für mich perfekt war. Und wie für alles andere wollte ich natürlich ebenso für diesen Eingriff selbst bezahlen. Und da Dirk und ich eine offene Beziehung hatten, ergab sich auch die eine oder andere Urlaubsromanze. Ich suchte mir immer einen Ferienjob, weil ich mir ja was leisten wollte.

Nachdem ich mein BWL-Studium abgeschlossen hatte, ergab sich sofort ein Job. Ich kam als Diplombetriebswirtin nach Leipzig, wo ich gemeinsam mit meiner ehemaligen Studienkollegin Dolores die Zweigstelle einer Stuttgarter Marketingagentur aufbauen sollte. Die Agentur war bis dahin nur im Westen tätig gewesen – nun wollte man auch im Osten Fuß fassen. Dolores und ich ergänzten uns perfekt: Während ich in Kaltakquise und kreativen Marketingansätzen brillierte, war sie sehr genau in strategischen Dingen und bei der Buchhaltung.

Tja, und eines Tages passierte es. Ich war in der Stadt unterwegs, als ich angesprochen wurde. Von einer kleinen, sehr schlanken Frau mit knallroten Haaren. Auf den ersten Blick sah ich überhaupt nur die Haare. Wobei ... angeredet hat sie mich eigentlich nicht, eher platzte sie heraus: „Können Sie sich vorstellen, als Moderatorin fürs Fernsehen zu arbeiten?" Ich starrte sie nur fassungslos an. Wer war das? Auf Interesse stieß sie bei mir nicht – einerseits fühlte ich mich zwar durch meine zahlreichen Moderationsjobs als Moderatorin bereit, aber das Fernsehen schien mir nicht sehr erstrebenswert. Das hatte in meinen Augen damals keinen Wert. Andererseits war für mich mein Job in der Unternehmensberatung sehr wohl wertvoll. Der Job, in dem ich mega erfolgreich war und in dem ich weiter durchstarten und ganz groß werden wollte.

Diese „Straßennummer" wäre wohl für viele ein Traum gewesen, für mich war es das damals nicht – schließlich hatte ich andere Pläne! Ich antwortete ihr höflich, dass es für mich gerade nicht so passe, und bedankte mich. Sie jedoch gab mir mit festem Händedruck ihre Visitenkarte: „Wenn es bei dir passt, bitte melde dich!" Ihren klaren, drängenden Blick sehe ich bis heute vor mir. Und wahrscheinlich war er der Grund, warum ich die Visitenkarte behalten habe.

Eine Visitenkarte, die zwei Jahre später zum Einsatz kommen sollte. So lange ließ ich den Sender auf mich warten. Nachdem ich die Visitenkarte in die Hand gedrückt bekommen hatte, legte ich sie zu Hause zuerst einmal einfach weg – mein Fokus war woanders. Ich lebte mich in der Agentur voll aus, ich karrte Kunden heran, und gemeinsam waren wir richtig erfolgreich. Und die Agentur florierte.

Da wir allerdings auch immer wieder Kontakt mit der Mutteragentur im Westen hatten, fiel uns bald auf, um wie viel mehr unsere Kollegen dort verdienten – für nicht mal die Hälfte der Arbeit, die wir beide voller Leidenschaft im Osten verrichteten. Ich fühlte mich ausgenutzt und unterbezahlt.

Also musste eine Lösung her: Entweder ich steige hier auf, oder ich gehe zu einer anderen Agentur – oder ... da fiel mir diese Visitenkarte wieder in die Hände. Kurzerhand rief ich bei dem Sender an. Oh Wunder, die konnten sich tatsächlich noch an mich erinnern. Und mehr noch, sie meinten, es passte gerade perfekt. „Wann können Sie denn vorbeikommen? Geht es noch heute?“ Am nächsten Tag machte ich ein Casting und es flutschte alles. Nebenbei ging dieser Job jedoch nicht – ich musste ja täglich live im Vorabendprogramm aus dem Fernseher rausschauen. Um das zu schaffen, hatte ich aber schon vormittags im Sender zu sein. Zusätzlich sollte ich noch die abendliche Programmansage machen. Es war ein Fulltime-Job, den ich angeboten bekam. Ich war 30, und ich musste mich entscheiden – ich sagte zu.

Das war mein Schritt in die Medien, ins Fernsehen. Ab da war ich täglich auf Sendung. Mit einem Schlag in der glitzernden Medienwelt, die mir bald auch ihre teils brutale Seite zeigen sollte. Alle rieten mir zur Vorsicht: „Oh, da musst du aufpassen – das sind alles Schlangen da drinnen!“

Ich in meiner sprichwörtlichen Blauäugigkeit war aber überzeugt, dass ich mit jedem klarkomme – das glaube ich übrigens heute noch. Und meistens hab ich recht. Mittlerweile hab ich Antennen entwickelt, ob jemand „echt“ ist oder nicht, die fehlten mir damals total. Ich war wie ein kleines Tier, dem noch niemals etwas Böses zugestoßen war, völlig zutraulich und arglos. Dass ich für jemanden ein Feindbild sein könnte, das kam mir nicht in den Sinn. Und auch dafür, zwischen zwei Fronten zu stehen, fehlte mir jeder Instinkt.

Doch genau dort landete ich. Zwischen zwei verfeindeten Frauen. Eine davon war unsere bereits bekannte dünne Rothaarige, die mich entdeckt hatte und sich über mich ein bisschen profilieren wollte, weil sie auf der Straße so einen tollen Fang gemacht hatte. Die andere war eine Frau, in deren Hände sie mich zwei Wochen lang gab, weil ich eben so völlig neu war, keine Ahnung hatte und bisher immer alles nur intuitiv gemacht hatte. Diese Dame sollte mich so ein bisschen fit machen fürs Fernsehen. Was sie wirklich machte, kann ich heute nicht mehr sagen.

Das Einzige, das ich mich erinnern kann gelernt zu haben, ist, dass ich dann wusste, welche Wege ich zu laufen und wo ich hinzuschauen hatte. Vielleicht war aber auch nur das ihr Job. Wie auch immer, die beiden Damen hassten sich. Was ich zwar nicht wusste, aber bald in den Redaktionssitzungen mitbekam: Ich wurde der Spielball und bekam von jeder Seite gegensätzliche Anweisungen und wusste nicht, auf wen ich nun hören sollte. Es wurde richtig ätzend und es fühlte sich falsch an. Trotzdem: Die Sendungen machten mir riesigen Spaß, je mehr Freestyle, desto besser!

Meine tägliche Sendung war der Vorläufer von „Brisant" mit dem Titel „MDR vor acht im Ersten". Es war die Vorabendshow, die zwischen den täglichen Soaps wie „Marienhof", „Verbotene Liebe" & Co. mit Gossip-News und Live-Interviews das Fernsehpublikum unterhielt. Tolle Show und eine großartige „Schule" für mich.

Normalerweise laufen solche Sendungen immer mit „Teleprompter", sprich: Man liest seine Texte ab. Das kam aber für mich nicht infrage, ich wollte von Anfang an frei agieren können. Ich liebe „lebendige Sprache" und echte Interviews, und schließlich wollte ich nicht nur fürs Ablesen bezahlt werden.

Man lernt nur, wenn man die Herausforderung sucht, und das steht und stand schon immer bei mir an erster Stelle. Meine große Stärke bei Interviews: Ich höre zu! Klingt im ersten Moment ein bissl banal, ist es aber nicht. Ich habe natürlich ein Gesprächskonzept im Kopf, lasse mich jedoch ganz auf den jeweiligen Gast ein und werfe im Falle auch mal im Kopf alles um, wenn es die Situation erfordert. So entwickeln sich echte Gespräche und keine langweiligen Frage-Antwort-

Nummern. Ein Hauch Empathie ist bei Interviews sicher auch ganz hilfreich, und Freunde, ihr kennt mich inzwischen, davon hab ich viel.

Immer mal wieder kam Radiomoderator Chris Derer als einer meiner täglichen Interview-Gäste. Chris war der Anchor-Man der JUMP-Morningshow und wir hatten von Anfang an einen echten Draht zueinander. Neben den tollen Interviews baggerte er immer wieder bei mir: „Diana, eine wie dich bräuchten wir in der Morningshow!"

Ich war ja nun schon einige Jahre im MDR-Fernsehen und zog das durch, da wollte ich nicht so einfach aussteigen, auch wenn die Mobbing-Situation mit den beiden Damen immer schlimmer wurde. Selbst mein Hilferuf beim Programmchef lief total ins Leere. Er lehnte sich zurück und meinte nur, dass ich entweder damit klarkommen müsse oder gehen könne. Das fand ich damals sehr krass, aber irgendwie hatte er damit auch recht.

Es kam der Punkt, da konnte ich das Generve der beiden Frauen, das ich jeden Tag ertragen musste, nicht mehr aushalten. Ich liebte den Job, aber alles, was vor meinem Einsatz und danach war, war einfach ätzend. Ich war zu jung, um mich zu wehren, unfähig, Grenzen zu setzen. Das hatte ich nie gelernt.

Als Chris wieder mal baggerte, ich solle mir das Radio doch ansehen, gab ich nach. Ich ging hin, guckte es mir an – und fing sofort Feuer! Also wechselte ich ins Radio zur Morningshow, die von 5:00 bis 10:00 Uhr morgens lief. Ich liebte es! Dazu kam, dass ich endlich wieder meine Musik hatte. Und dass Radio einfach so ein schnelles Medium ist. Ich war voll in meinem Element. Zu meiner Zeit war es noch so, dass die Show sich in der Sendung live entwickeln durfte, es war so lebendig und machte einfach Riesenspaß. Der volle Flow! Heutzutage werden die Shows vorab geschrieben und müssen vom Programmchef abgesegnet werden. Da hat sich viel geändert.

Als ich das MDR-Fernsehen zugunsten des Radios verließ, kam von vielen Seiten Unverständnis. „Wie kann man so einen Job aufgeben?" Für mich war es damals genau das Richtige, und ich habe den Schritt nie bereut. Schließlich kam ich neben dem Radio wieder zum Fernsehen zurück, indem ich gemeinsam mit Carsten, einem späteren Lebensgefährten, Vorabendshows selbst produzierte und wir diese an den MDR verkauften.

Doch zu Carsten kommen wir später noch. Und auch wie meine Karriere weiterging, liest du etwas weiter hinten im Buch. ;-)

Chris Derer – in herzlicher Erinnerung

Eventmoderation im Hyatt Berlin

DIANA KRETSCHMER, 31
RADIO JUMP/LEIPZIG

Die einstige Konzertgitarristin hat viele tolle Saiten. Als Sidekick, Wetterfee und die Frau für Gefühle in der Männerrunde moderiert sie wochentags beim „Quickstart". **Was wollten Sie als Kind werden?** Größer. **Gab's eine Situation, in der Sie sprachlos waren?** Ich bin 'ne Frau, blond, beim Radio und Wetterfee – also nein! Wer Diana ohne Ton haben will: *www.diana-kretschmer.de* **Welche Musik passt am besten zu Sex?** Bei gutem Sex ist die Umgebung egal. **Wie schlagfertig sind Sie beim Flirten?** Mein Augenaufschlag ist Extraklasse. **Reden Sie beim Sex?** Na ja - nicht in ganzen Sätzen.

Portrait in der „MAXIM"

Autogrammkarte Radio PSR

Fotos: privat

Liebesrausch & Herzenskälte

Foto: privat

Liebesrausch & Herzenskälte

Familie, das war für mich immer so ein bisschen mit Horror verbunden. Das hat sicher mit meiner Kindheit und Jugend zu tun. Weihnachten, Geburtstage und andere Festlichkeiten waren einfach nicht schön für mich. Es gab meist Streit mit unserer Mutter wegen irgendetwas Sinnlosem. Auf der anderen Seite muss ich ihr zugutehalten, dass sie zumindest versuchte, so etwas wie Rituale einzuführen. Das kann ich ihr wirklich nur hoch anrechnen.

An Festtagen saßen wir alle zusammen um den Tisch und machten gemeinsam mit dem Typen, der gerade aktuell war, einen auf Familie. Mein Bruder und ich fanden es extrem doof, dem dann zu erzählen, wie es in der Schule gewesen war. Irgendwie lief das nicht so rund. Es gab ja keine Familie im klassischen Sinne, auch vom Gefühl her nicht, und wir mussten es ein bisschen vorspielen. Aber wie gesagt, ich finde es gut, dass meine Mutter es immer wieder probiert hat, so etwas wie ein Familiengefühl für uns zu schaffen.

Mittlerweile hat sich das bei mir massiv geändert, die Sehnsucht nach so einem großen Familientisch ist sehr präsent. Und in meinem nächsten Leben wird es einen ganzen Haufen Kinder geben, ein richtiges Familienleben und alles, was dazugehört. Diesmal sollte es nicht sein und ich habe ja auch vieles andere, das ich stattdessen erleben darf und durfte.

Zur Liebe: Mein Liebesleben war lange Zeit geprägt durch Muster aus meiner Kindheit. Von dem, das ich erleben und bekommen durfte, ebenso wie von dem, das ich schmerzlich vermisst hatte. Ein Mensch ist das Produkt seiner Umgebung. So lange, bis er sich dessen bewusst wird und andere Entscheidungen trifft. Dieser Weg, samt aller Irrwege, ist Inhalt dieses Kapitels. Was ich daraus gelernt habe? Das findest du am Wegesrand der Erzählung. Nimm dir mit, was für dich stimmt und was du brauchen kannst – das andere lass stehen.

Die erste Liebe

Es ist die Liebe, die uns wachsen, untergehen und wieder auferstehen lässt – so viel steht für mich fest.

Meine erste große Liebe war „mein" Trompeter Dirk. Und mit ihm hatte ich auch meine bis heute längste Beziehung – wir teilten zehn Jahre unserer Leben. Für mich, und ich glaube, sagen zu können, auch für ihn, war es sicher eine der schönsten Zeiten unseres Lebens. Wir waren jung, lebenshungrig, liebten unsere Musik ... und einander.

Kennengelernt haben wir uns im Musikstudium in Weimar, oder eigentlich im Ernteeinsatz davor. In der DDR begann jedes Studium erstmal mit ein paar Wochen kostenloser Arbeit für die Gesellschaft. In unserem Fall hieß das: Apfelernte in Apfelstädt – kein Witz. Doch Apfelernte klingt eindeutig romantischer, als es tatsächlich war. Es war echt schweißtreibende Arbeit. Mein Ernte-Outfit war, wenn ich heute so darüber nachdenke, ziemlich heiß: enge Leggings, hohe Gummistiefel, ein breiter Ledergürtel der russischen Armee (ich habe den Uniformstil schon immer geliebt!) und bauchfreie Tops. Es waren die 80er-Jahre, und Madonna zählte eindeutig zu meinen Ikonen. Damit wir uns nicht missverstehen: Ich habe schon damals meine sexy Outfits nicht angezogen, um Jungs aufzureißen. Das war und ist bis heute nicht mein Stil. Ich fühlte und fühle mich in tollen Klamotten einfach selbstbewusster und cooler. Wenn man sich für sich selbst stylt, wirkt man nicht nur nach außen stark, man fühlt sich auch stärker. Ich zumindest.

Aber nun zu meiner ersten großen Liebe. Wir hatten, wie vorhin schon erwähnt, eine offene Beziehung. Ich wusste anfangs gar nicht, was das sein sollte, als Dirk schon bald nach unserem Kennenlernen fragte, ob so etwas für mich infrage käme, weil er nur eine solche Beziehung wolle. Er meinte, dass er dieses Beziehungsmodell als die bestmögliche Art des Zusammenlebens zweier Menschen ansehe. Man liebe einander wahrhaftig in Freiheit, ohne Fesseln, ohne Beschränkung.

Die Offenheit unserer Beziehung war aus seiner Sicht darauf ausgerichtet, die Erfahrungen, die wir machen konnten, gerade in unseren jungen Jahren nicht einzuschränken. Warum sollten wir uns nicht auch mit anderen treffen können, wenn uns die in irgendeiner Weise inspirierten? Ich darf kurz vorgreifen: Wir beide würden das heute – jeder für sich – nicht mehr wollen. Aber zu jener Zeit war das anders.

Offen geliebt ...

Ich war so verknallt, dass ich zustimmte. Zunächst hatte die „Öffnung" unserer Beziehung ohnehin keine realen Auswirkungen: Die ersten Monate waren wir nur miteinander beschäftigt, und mit unseren Instrumenten. Doch nach ungefähr einem Jahr wurde es real: Dirk wollte sich mit der einen oder anderen Frau treffen. Ich hatte diesem Beziehungsmodell zugestimmt, also behauptete ich, dass das für mich okay sei. Aber ehrlich gesagt, waren Dirks erste Treffen mit anderen Frauen wirklich schlimm für mich. Ich beobachtete heulend hinterm Vorhang versteckt, wie er zu anderen Frauen ins Auto stieg. „Damit musst du jetzt klarkommen", sagte ich mir immer wieder – schließlich wollte ich zu meinem Wort stehen.

Aus heutiger Sicht glaube ich sagen zu können, dass wir Frauen in der Art von sozialer Bindung wirklich anders ticken als Männer. Für Männer kann Sex einfach nur Sex sein, während Liebe auf einem anderen Blatt steht, ohne dass die beiden einander beeinflussen. Die Grenzen sind klarer. Die meisten Frauen sind emotional eher auf einen Mann fixiert.

„Eher" sage ich, denn ich durfte im weiteren Verlauf der Beziehung mit Dirk feststellen, dass sich diese Fixierung auf nur einen Mann auch für mich tatsächlich änderte.

Als ich das erste Mal während meiner Beziehung zu Dirk einen anderen Mann nicht nur kennen, sondern auch lieben lernte, funktionierte die Splittung Sex/Liebe bei mir auf einmal auch. Und schon bald gab es Dirk als „meinen Mann" und P.

als „meinen anderen Mann". Doch hier zeigt sich mein Konzept von Treue, denn auch diese Nebenbeziehung dauerte fast so lange an wie die Beziehung zu Dirk. Als es mit Dirk aus war, musste auch P. gehen – wenn auch nicht für immer. Denn tatsächlich, viele Jahre nach der Trennung von Dirk, kam ich mit meiner großen Zweit-Liebe P. zusammen. Leider hatte die Beziehung keinen Bestand; offenbar konnte diese Liebe nur in der Dreieckskonstellation ihr Potenzial ganz entfalten.

Aber zurück zu meinem Trompeter Dirk und unserer offenen Beziehung. Wir erzählten einander immer alles mit der höchsten Rücksichtnahme und niemals in der Absicht, den anderen zu verletzen. Wenn einer von uns das Gefühl hatte, dass dem anderen irgendetwas wehtun könnte, dann ließen wir es gar nicht so weit kommen. Wir beide waren der Kern, nichts sollte zwischen uns stehen.

Es war wohl ein bisschen unserem Künstlerdasein zuzuschreiben, dass wir so lebten. Wir wollten die maximal mögliche Entwicklungsfreiheit und die schönste Beziehung. Und nichts, wirklich nichts, konnte uns als Paar auseinanderbringen. Fast nichts, wie du dir denken kannst – da du ja jetzt schon weißt, dass wir mittlerweile nicht mehr zusammen sind. Es waren wunderschöne Jahre mit einer Tiefe und Echtheit an Beziehung, wie sie noch heute für mich Vorbild und Wunsch für alles Kommende ist – zukünftig allerdings auf jeden Fall ohne die „offene Beziehung". Dieses Experiment war einmalig!

Endlich Familie!

Ich kannte diese klassische Mutter-Vater-Kinder-Idylle nicht, und auch die sollte ich mit Dirk kennenlernen. Wir wohnten zusammen im Haus seiner Eltern in echter Harmonie, wie ich sie davor nie erlebt hatte: Dirk und ich hatten oben unser Reich, in der Mitte hatten sich die tollsten Eltern ever einquartiert und ganz unten sein Bruder und dessen Freundin.

Es funktionierte fantastisch. Sicher auch deswegen, weil seine Eltern so offene und liebevolle Menschen sind, wie es sie selten gibt. Sie wurden irgendwie zu meinen Eltern, und ich kann ihnen gar nicht oft genug Danke sagen für alles, was sie auch mir an Liebe gegeben haben. In diesem Haus, Dirks Elternhaus, durfte ich zum allerersten Mal bedingungslose Elternliebe spüren, und bei all den Gedanken daran kommen mir sofort vor überbordender Dankbarkeit die Tränen. Ein tiefer Herzensgruß gen Himmel zu meinem „Pappa" Dietrich. Ich war dieses Tochter-Vater-Ding nicht gewohnt und zu dieser Zeit noch grundsätzlich eher schüchtern und leise. Ich hoffe, ich konnte dir dennoch genügend zeigen, wie sehr ich dich geliebt habe! Ich denke oft an dich, du bist in meinem Herzen. Und auch dich, liebste „Meuter", grüße ich. Du bist die Allerbeste, ich umarme dich ganz fest. Und freue mich, dich bald in Erfurt wiederzusehen!

Ja, auch heute habe ich noch Kontakt zu dieser unglaublich lieben Familie, auch wenn der „Pappa" nicht mehr unter uns weilt. Ich hatte bei ihnen einfach alles, was man haben kann ... und doch hatte ich es irgendwann nicht mehr. Was ist passiert? Nun ja, die Gefahr in einer offenen Beziehung liegt darin, dass man immer mehr potenzielle Partner kennenlernt. Wenn man die Grenzen oder Schlussstriche noch genau setzen kann, gut. Wenn dann aber, wie bei Dirk und mir, aus der offenen Beziehung eine offene Fernbeziehung wird, dann wird's wirklich „hardcore".

... und dann war es vorbei

Wie du dich sicher erinnerst, hab ich an das Musikstudium noch ein Wirtschaftsstudium drangehängt und bin nach meinem Diplom direkt nach Leipzig gezogen. Und so sahen Dirk und ich uns maximal an den Wochenenden, und das noch nicht mal regelmäßig, weil in meinem neuen Job viele Geschäftsreisen und Events an Wochenenden auf der Tagesordnung standen. Das Unausweichliche passierte.

Ich sehe es vor meinem inneren Auge, als wäre es gestern gewesen: Wir saßen in unserer kleinen, schnuckeligen Küche mit Blick in den grünen Garten. Dirk saß mir gegenüber und weinte, als er mir gestand, dass er eine andere Frau getroffen und sich so sehr in sie verliebt hatte, dass er ab jetzt mit ihr zusammenleben wollte. Unsere Liebe war ungebrochen, aber nun gab es für ihn diese Möglichkeit auf ein anderes Leben, möglicherweise sogar mit Kindern, einer eigenen Familie.

Ich selbst hatte immer klar gemacht, dass ich keine eigenen Kinder wollte, vielleicht mal irgendwann eine Adoption, aber eben irgendwann. Und vielleicht. Wie konnte ich da seinem Glück im Wege stehen? Dafür liebte ich ihn viel zu sehr – ich wollte immer, dass er glücklich ist, genau wie er umgekehrt immer mein Glück im Auge hatte. Niemals würde ich ihm diese Chance nehmen. Wir trennten uns in Liebe, lagen uns stundenlang in den Armen, tränenreich. Das war hart. Und es schmerzte noch sehr, sehr lange. Trotzdem war es richtig so.

Übrigens ist Dirk mit dieser Frau längst nicht mehr zusammen. Aber anschließend traf er die Frau, mit der er nun schon lange sehr glücklich zusammen ist, und sie haben zwei hinreißende Kinder. Wir verstehen uns alle gut, und wenn wir uns ab und an sehen, haben wir viel Spaß.

Später habe ich mich manchmal gefragt, ob ich um diese Beziehung hätte „kämpfen“ müssen. Und doch komme ich immer wieder zu dem Schluss, dass man einer Liebe niemals im Weg stehen sollte. Ich sage an dieser Stelle: Danke, Dirk!!! Du warst mein bisher größter Lehrer in Sachen Liebe, Ehrlichkeit, Loyalität, Freundschaft, Lebensfreude, Offenheit, Verrücktheit und Verlässlichkeit.

Irgendwann später war übrigens auch P. wieder da. Wo er hergekommen war und wie wir uns wiedergefunden haben? Ich habe eine Weile drüber nachgedacht, aber ich habe keine Ahnung. Aber wie auch immer es zustande gekommen ist – auf einmal war er wieder da. Wir freuten uns beide so sehr und nahmen unsere Beziehung wieder auf. Doch leider wurde es sehr schnell sehr anders. Es war viel Zeit vergangen, und wir hatten uns beide weiterentwickelt. Dazu kam, dass das, was in unserer Dreiecksbeziehung für diesen Kick gesorgt hatte, weg war. Kurz gesagt, wir waren in einem normalen Alltag nicht miteinander kompatibel.

Promisohn und durchgeknallter Professor

Carsten lernte ich im Radio kennen. Er war der völlig verrückte Morningshow-Regisseur, Typ durchgeknallter Professor, der von Anfang an ein bisschen verliebt in mich war, das spürte ich schon. Aber ich war gerade in einer Beziehung und ließ nebenbei nichts zu – noch nicht mal in Gedanken. Als diese Beziehung leider in die Brüche ging, dauerte es eine ganze Weile, bis Carsten in mein System kam. Durch die tägliche Zusammenarbeit und den Spaß, den wir hatten, und vor allem, weil er dranblieb, passierte es dann doch. Er war wahrlich kein Adonis, aber das pure Aussehen war für mich nie wichtig. Es geht immer um die gesamte Persönlichkeit. Viele konnten nicht nachvollziehen, wieso ich mit ihm zusammen war, auch weil er ein bisschen radikal in seinem Auftreten war, im Sinne von extrem selbstbewusst.

Mir kam zugute, dass ich Westfernsehen-sozialisiert war und im Ostfernsehen bis aufs „Sandmännchen" eigentlich nichts guckte. Carstens Vater war nämlich dort ein absoluter Star! O. F. Weidling – zu Recht eine Legende! Carsten war somit ein Promisohn und wurde von vielen entsprechend behandelt. Ich jedoch konnte seine großartige Mutter und seinen Bruder dank meines Unwissens völlig unbeschwert von jeglicher Starverehrung kennenlernen.

Wir zogen zusammen in eine wunderschöne Wohnung und wir hatten sechs Jahre lang eine meist tolle Zeit. Carsten hat mich sprichwörtlich auf Händen getragen, und ich durfte wahnsinnig viel von ihm lernen, auf allen Gebieten des Lebens.

Für mich ging es in dieser Zeit mit meinen eigenen TV-Shows im MDR los: „Finderlohn", „Liebe Liebe" und „Die goldene Quote". Carsten wurde ziemlich zeitgleich Moderator in der Talkshow „Riverboat". Er war während der ganzen MDR-Zeit einer der umstrittensten Menschen dort. Zum einen, weil Neid in dieser Branche eher die Regel als die Ausnahme ist. Und zum anderen, weil er eben leider auch nichts dazu tat, in irgendeiner Weise sympathisch oder nett rüberzukommen. Man müsse ihn schon wegen dem mögen, was er tue, sagte er. Alles andere sei ihm egal. Carsten wurde nicht nur zu meinem Mann, sondern ein bisschen auch zu einem Vater für mich. Ich habe ihn geliebt, aber offensichtlich nicht genug, sonst wären wir wohl noch zusammen. Ich glaube, ich war immer noch nicht bereit für die große, bedingungslose Liebe.

Es dauerte eine Weile, bis ich irgendwann mir und damit auch ihm eingestehen musste: „Ich mag dich als Mensch sehr, aber ich liebe dich nicht genügend!" Im Nachhinein wünschte ich mir, ich hätte ihn so lieben können wie er mich, aber das kann man sich leider nicht aussuchen. Er ist ein toller Mensch, aber ich konnte ihm einfach nicht mehr Liebe geben. Für ihn war das schrecklich, er flüchtete aus der Situation und ging auf Weltreise – offenbar war ich damals eine große Liebe für ihn. Mittlerweile ist er lange untergetaucht. Und ich suchte auch nie mehr Kontakt zu ihm, da sich nach unserer Trennung einige Dinge ereignet haben, auf die ich hier nicht eingehen möchte.

Ich hoffe, es geht dir gut, Carsten ... und ich möchte DANKE sagen für unsere gemeinsame Zeit!

Vom Traumpaar ins Abseits im Zeitraffer

Dann kam Matthias. Ich kannte ihn seit meiner Zeit in Leipzig. Lange Zeit war er einfach ein Freund, wir lebten in der gleichen Hood, kamen oft im Wald beim Laufen aneinander vorbei, sahen uns immer wieder einmal bei dem einen oder anderen Event. Ich mochte ihn, allein schon deswegen, weil er so witzig war. Wir flirteten ein bisschen herum, und ich merkte bald, dass auch er mich toll fand, aber irgendwie war immer mindestens einer von uns in einer Beziehung. Doch irgendwann passte es: Wir trafen uns wieder und – oh Wunder – wir waren beide gerade frei! Also verabredeten wir uns und gingen abends aus. Es ging dann ganz schnell. Aus einer leidenschaftlichen Liebelei entwickelte sich innerhalb kürzester Zeit etwas Ernsteres.

Bei ihm konnte ich immer sehr ich sein, was ich – im Rückblick betrachtet – nicht in jeder Beziehung konnte. Es war die eine der liebevollsten Beziehungen ever, wir waren einfach ein Team. Mit Matthias kam auch das erste Mal ein Hund in mein Leben – was für eine Bereicherung!

Und dann passierte es: Wir fuhren für ein paar Tage nach Rom. Was ich nicht wusste, war, dass er schon die ganze Zeit mit einem Ring in der Tasche herumgelaufen war und auf eine Gelegenheit gewartet hatte. Am letzten Tag des Urlaubs schaffte er es schließlich. Warum so spät? Weil wir uns in den Tagen davor immer wieder einmal ein bisschen gestritten hatten. Nichts Ernstes, aber eben gerade ausreichend, dass die Romantik für einen Antrag flöten ging. An einem der letzten Tage war wieder alles wunderschön – so wie eigentlich auch sonst immer – und dann passierte es ...

Und es war unsagbar romantisch! Eine alte, etwas abgefuckte Pizzeria, betrieben von einem alten Ehepaar, rotkarierte Tischdecken, schäbige Stühle, es duftete herrlich! Und mittendrin wir. Matthias wusste, dass ich nicht heiraten wollte. Mir wurde ja als Kind nicht unbedingt ein gutes Beispiel vorgelebt, Kinder wollte ich ohnehin nicht – also wozu? Dazu kam, dass ich immer wieder gehört hatte: Der Hochzeitstag ist der schönste Tag im Leben! Und ich hatte mich gefragt: Ja, und dann? Wird es dann nur noch schlechter? Dann möchte ich das erst recht nie! Außerdem wollte ich immer frei sein. Ja. Und dann kam Matthias mit diesem wunderschönen Ring. Und ich dachte nur: „Neinneinneinnein, mach das nicht!"

Ich bekam wirklich Panik. Da ich nicht nur mein Herz auf der Zunge trage, sondern auch mein Gesicht ein offenes Buch ist, war die Situation sicher für den Armen nicht einfach. Aber er schaffte es, das für mich Richtige zu sagen. Mir einen Antrag zu machen, ohne mir die Pistole auf die Brust zu setzen. Trotzdem musste ich erstmal schwer atmen und konnte gar nichts sagen. Während er auf mich einredete und mir die Panik und jede Art von Druck nahm, war ich einfach mit Atmen beschäftigt. Ich atmete wirklich viel. Und begann dann laut nachzudenken: „Jetzt fühlt es sich toll an. Wir sind ja schon eine kleine Familie mit unserem Hund, ich kenne und mag deine Eltern. Da kann ich doch jetzt Ja sagen. Das kann ich. Und wenn es irgendwann mal anders ist, dann schauen wir einfach, was dann ist und wieso." Ich erlebte, wie wichtig Entscheidungen sind. Ich entschied mich bewusst für diese Liebe und sagte Ja.

Mit meiner heutigen Erfahrung weiß ich: Sich bewusst für eine Liebe zu entscheiden, das ist das Allerwichtigste, wenn man eine Beziehung führen will. Verliebtsein passiert einfach, wenn die Chemie stimmt. Aber Liebe ist eine Entscheidung. Und sie hat das Potenzial, immer größer zu werden, wenn man bedingungslos liebt.

Wir heirateten, es war wunderschön. Auch seine Familie war traumhaft – ich hatte das Gefühl, wieder eine Heimat gefunden zu haben. Matthias entdeckte für uns eine idyllische kleine Wohnung mit Garten, und eigentlich war das Glück perfekt. Auch Matthias war – das scheint sich ein wenig wie ein roter Faden durch mein Leben zu ziehen – ein bisschen durchgeknallt. Er war früher Profifußballer gewesen, danach Trainer. Später übernahm er gemeinsam mit ein paar Freunden eine Bar in der Leipziger Innenstadt, in der sich Prominente und die High Society versammelten. Überraschenderweise konnte er als Branchenfremder in der Gastrowelt gut Fuß fassen – es lag an ihm, seiner Ausstrahlung und natürlich auch an seinem Namen. Matthias war jemand, den man kannte.

Dass wir trotz der großen Liebe nur zwei Jahre verheiratet blieben, war nicht vorhersehbar. Doch wir scheiterten am Existenziellen und irgendwann konnten wir auch nicht mehr richtig miteinander reden. Die Situation war verfahren. Matthias musste all seine Energie und seine Zeit in seine Bar investieren; der Aufbau kostete ihn sehr viel. Parallel dazu lief es bei mir als Moderatorin gerade nicht so gut. Es gab zu der Zeit weder Radio noch Fernsehen für mich, und die Eventjobs waren dünn gesät. So ging ich irgendwie alles an: Einerseits wollte ich mich wieder als Moderatorin gut verkaufen und an Jobs kommen, andererseits streckte ich meine Fühler sogar wieder in Richtung Marketingjobs aus, um mein BWL-Studium zu nutzen. Aber es war wirklich wie verhext in dieser Zeit – nichts funktionierte! Ich hing monatelang nur vor meinem Laptop, in der Hoffnung, dass ich bald wieder meine PS auf die Straße bekommen würde. Doch gerade passierte einfach nichts, und keiner biss an.

Auch wenn es etwas überheblich klingt, aber aus heutiger Sicht weiß ich, dass ich gut bin und es auch damals schon war. Was mir gefehlt haben, waren die Eier, da rauszugehen und zu sagen: „Ich bin die Beste. Gebt mir den Job!“ ... oder so ähnlich zumindest. Ich hatte ja schon jede Menge Radio- und Fernseherfahrung, zig Moderationen hinter mir und ich wusste, was ich zu tun hatte. Nur verkaufen konnte ich mich offensichtlich zu jener Zeit noch nicht richtig.

Ein Überlebenskampf auf Kosten der Ehe

In dieser Zeit ging es uns beiden nur ums Überleben. Es gab einen Existenzkampf auf beiden Seiten des Ehebettes. Nur zogen wir nicht an einem Strang und unterstützten uns, sondern jeder focht für sich einen eigenen Kampf aus. Nicht gegeneinander, versteh das bitte nicht falsch! Aber leider halt auch nicht miteinander – so verzweifelt waren wir. Wir arbeiteten azyklisch: Wenn Matthias frühmorgens aus seiner Bar nach Hause kam, schlief ich schon.

Bis er aufstand, war ich schon am Arbeiten. Dann musste er meist Getränkenachschub fürs Lokal checken und sich um andere Dinge kümmern. Dass er das so viele Jahre durchgezogen hat, davor kann man wirklich nur den Hut ziehen. Ich hingegen verbiss mich immer mehr in meine Bewerbungen, verschwand wirklich monatelang hinter meinem Bildschirm. Und fühlte mich zunehmend unverstanden, speziell, als Matthias einmal die Bemerkung fallen ließ, man müsse seine Träume auch mal ziehen lassen, wenn es nicht klappe. Ich konnte das absolut nicht nachvollziehen. Aber klar, wenn Matthias dann mal da war, war ich meist nicht ansprechbar. „Dieser Laptop bringt uns irgendwann noch auseinander", murrte Matthias manchmal. Wie sehr er doch recht behalten sollte!

Wir redeten immer weniger und wenn, dann zu Unzeiten. Mindestens einer von uns war dabei müde, überfordert, gereizt. Kurz gesagt: Wir schafften es nicht, unter diesem existenziellen Druck unsere Liebe aufrechtzuerhalten. Dass es noch viel schlimmer kommen sollte, ahnte ich zu diesem Zeitpunkt nicht.

Ich baute mir mühsam, aber konsequent auf allen Social-Media-Kanälen mein Business auf, legte Profile an, postete, pflegte Inhalte ein. Und ich kommunizierte mit potenziellen Interessenten. Einer davon war Mr. X. Und Mr. X war das Schlimmste, das mir passieren konnte. Er war – auch wenn mir das bis heute nur sehr schwer über die Lippen kommt – einer der wichtigsten Lehrer meines Lebens. Doch bevor ich die Härte entwickeln konnte, die ich in meinem weiteren Leben noch brauchen sollte, musste ich durch die Hölle gehen. Begonnen hatte alles sehr harmlos, mit einer Nachricht im Messenger.

„Hey, tolle Moderationen, die du da gemacht hast!" „Du bist wirklich eine der Besten!" und das übliche Blabla, gut getarnt als wohlwollende Komplimente. Natürlich antwortete ich ihm, und die Gespräche gaben mir den Auftrieb, nach dem ich mich schon so lange verzehrt hatte.

Während mein Mann mir erklärte, ich solle meine Träume aufgeben, glaubte dieser fremde Mensch an mich! Ich öffnete mich, schrieb viel mit ihm. Mr. X erkannte seine Chance und bot mir an, mich im Business zu unterstützen. Auch damit rannte er bei mir offene Türen ein. „Ja, lass uns überlegen, was wir zusammen machen können!" Er gab sich mir gegenüber als DJ aus. Ob er wirklich jemals Auftritte gehabt hat, weiß ich nicht, auch wenn ich später das gesamte Equipment in seiner Wohnung gesehen habe. Doch damals glaubte ich ihm. Es passte ja auch zu gut: Moderatorin und DJ, das war beruflich eine feine Kombination. Wieso nicht? Man konnte es sich ja anschauen. Doch damit war es noch lange nicht getan. Mr. X bot mir an, sich mit mir um mein Business zu kümmern, alle Seiten nochmal zu überarbeiten, Telefonleitfäden für die Akquise auszuarbeiten und weiß der Teufel was noch alles. Endlich jemand, der mich verstand, der mich unterstützen wollte! Er hatte mit Sicherheit von Anfang an etwas anderes im Sinn, doch damals konnte ich nur die Chance sehen. Ich war schlicht zu blauäugig.

Als wir uns zum ersten Mal persönlich trafen, war ich entsetzt. Ich habe andere Menschen nie nach ihrem Aussehen beurteilt, aber er war wirklich unattraktiv und ungepflegt. Man könnte sogar sagen, er war abstoßend. Hätte ich nur auf dieses erste Gefühl gehört! Hab ich natürlich nicht – ich war aus meiner Sicht in existenzieller Not und wollte jede Form der Unterstützung annehmen, die mir geboten wurde. Dazu kam, dass er im Gespräch immer weniger abstoßend wurde – er konnte sich super verkaufen! Wir fanden sogar Gemeinsamkeiten: Auch er hatte Musik studiert, und damit bekam er einen ganz anderen Stellenwert bei mir. Ein Bruder im Geiste, dachte ich wohl. Wer Musik mag, kann nichts Böses im Schilde führen. Zudem gab er mir mental den Rückenwind, den ich so sehr brauchte. Irgendwann begann er, mir Avancen zu machen, und seltsamerweise ließ ich das zu, auch wenn nichts zwischen uns passierte.

Und da unterlief mir der nächste schwere Fehler: Ehrlich, wie ich bin, ging ich zu Matthias. „Du, da ist gerade jemand, bei dem es sein könnte, dass sich etwas entwickelt. Was machen wir? Wie gehen wir damit um?“ Blauäugig, bescheuert, doof. Wie konnte ich meinem Matthias so etwas sagen? Unfassbar! Bei Matthias fielen die Jalousien und das war's.

Ich hab mir oft Vorwürfe gemacht, dass ich unsere junge Ehe leichtfertig aufs Spiel gesetzt habe. Dass es meine Schuld war. Doch heute sehe ich das nicht mehr so eindeutig. Auch er hätte mit der Sache anders umgehen können. Er mauerte und wollte sofort die Scheidung. Seine Angst vor dem Imageverlust war zu groß, als dass wir noch eine Chance gehabt hätten. Ich sehe diese Situation noch vor mir. Wir beide an diesem Abend, beide weinend, Tränen voller Panik. Aber es half nichts. Es war vorbei. Wir waren beide nicht imstande, einen Schritt zurückzutreten, uns miteinander an den Tisch zu setzen und alles auszudiskutieren. Zu tief waren wir in unsere Umstände verstrickt. Ich musste sofort aus der Wohnung raus und wir hatten eine Blitzscheidung.

Es hat lange gedauert, bis ich mir selbst verziehen habe, und bis heute hab ich mich darüber mit Matthias nicht ausgesprochen, auch wenn wir mittlerweile wieder gut befreundet sind.

Mit Vollgas in die Hölle

Ich hatte von einem Tag auf den anderen kein Dach mehr über dem Kopf. Und nach wie vor keine regelmäßigen Einkünfte. In meiner Verzweiflung bat ich Mr. X um Hilfe. Der freute sich, lud mich ein, zu ihm zu ziehen, und spielte mir all das vor, was ich in diesem Moment brauchte: Verständnis, Mitgefühl, das ganze Programm. Das konnte er wirklich super. Doch trotz allem war da was ... schon nach vierzehn Tagen war etwas komisch. Ich konnte es nur noch nicht so richtig erfassen. So ein Gefühl, dass alles falsch ist. Ich wollte eigentlich nur zu Matthias zurück. Doch der meinte: „Ach komm, Baby, wir ziehen die Scheidung jetzt durch und dann gucken wir mal." Irgendwie scheiße, aber aus der Nummer kam ich nicht mehr raus, so sehr ich es auch wollte. Also nahm ich meine Sachen Stück für Stück mit in die neue Wohnung zu Mr. X, auch wenn es sich falsch anfühlte.

Der Scheidungstag war sicher einer der schlimmsten Tage in meinem Leben. Ich war so durch den Wind, dass ich das Gerichtsgebäude nicht fand – und das, obwohl ich mich in Leipzig wirklich gut auskenne. Ich kam gerade noch rechtzeitig an. Matthias wartete schon auf mich, nahm mich in die Arme und meinte: „Na komm, wir ziehen das jetzt durch, und dann gehen wir frühstücken!" Auch heute werde ich noch sehr emotional, wenn ich darüber spreche. Und bis heute finde ich es schade, dass wir beide es nicht geschafft haben, miteinander zu reden, uns auszusprechen. Aber leider waren wir offensichtlich beide nicht fähig dazu.

Fix zu Mr. X

Ich zog nun also fix zu Mr. X. Die Aufträge trudelten langsam wieder ein. Zuerst begann die Eventmoderation erneut anzulaufen, später sollte auch das Radio wieder dazukommen. Also zumindest in dieser Hinsicht war ich erfolgreich. Doch der Kontakt zu Matthias wurde immer spärlicher – vor allem deshalb, weil Mr. X mich mehr und mehr unter seine Kontrolle bekam. Er war oder ist übrigens kein DJ, sondern Hundetrainer. Ein erfolgreicher, zumindest, was Hunde betrifft. Seine Befehle waren fast schon nazimäßig. Wie gesagt, bei Hunden hatte er großen Erfolg damit. Doch leider ging er mit Menschen in der gleichen Weise um. Ich nahm das damals leicht, war sehr überheblich und machte mich insgeheim über ihn lustig. Was sollte mir von einem Typen schon passieren? Die Gefahr, in der ich mich schon lange befand, sah ich nicht.

Es begann damit, dass Mr. X ständig anrief, wenn ich mich mit Freundinnen traf. Deren Warnungen tat ich mit einem Lachen ab, auf die Anrufe reagierte ich nicht mehr, ich ließ es einfach läuten. Ich war schließlich ein freiheitsliebender Mensch, den man nicht einsperren kann. Dachte ich. Als ich nach einem solchen Mädelsabend nach Hause kam, gab es Stress. Mr. X nordete mich ein, stutzte mich zurecht, machte mich klein. Während ich also im Business immer erfolgreicher wurde, verschwand ich als Person, als Mensch, peu à peu. Schließlich kam es so weit, dass er meinte, er brauche auch Zugriff auf mein Konto. Doch glücklicherweise kam mir da meine Mutter in den Sinn, die immer gesagt hatte, dass eine Frau auf eigenen Beinen stehen müsse. Nur aus diesem Grund verweigerte ich ihm wenigstens das, auch wenn meine Webseiten und Social-Media-Profile schon lange nicht mehr in meiner Hand waren.

Wieso ich mir das alles gefallen habe lassen? Weil ich leider schrecklich überheblich war und diese Dinge einfach weglächelte. Was sollte schon passieren? Ich war mittlerweile wieder fix im Radio etabliert. Und ich führte ein Doppelleben. Beruflich war ich auf der Siegerstraße, während ich privat immer kleiner und kleiner wurde. Daneben baute Mr. X mich in sein Hunde-Business ein, nutzte mich für seine Zwecke. Wenn er Hundetrainings hatte, musste ich mitkommen und streng genommen musste ich ebenso funktionieren wie sein Hund Balu, ein beige-brauner spanischer Straßenhund. Ich ließ es zu, weil ich dem Irrtum auflief, dass er es sei, dem ich meinen Erfolg zu verdanken hatte. Dass es nicht er war, sondern ich selbst, die es wieder geschafft hatte, dass im Gegenteil er sich an mich rangehängt hatte und in Wirklichkeit ich alles bezahlte, das konnte ich lange nicht sehen.

Ich baute in seiner Wohnung unser Studio auf, sorgte für die gesamte Technik, sodass wir schöne Videos drehen konnten, und investierte ein kleines Vermögen dafür.

Sex aus der Hölle

Sexuell lief alles sehr schnell in eine sehr seltsame Richtung. Eine, die mir unheimlich war. Wir hatten vielleicht zwei- oder dreimal normalen Sex. Beim nächsten Mal kam er mit einem ominösen silbernen Koffer um die Ecke. Kurz bekam ich Angst – zu Recht! Er erklärte mir, er stehe eigentlich auf S/M-Geschichten, und er sei Dom. Dom? WTF ist ein Dom? Ich kannte einen Dom, in den man reingeht. Es stellte sich heraus, dass er die männliche Form von Domina meinte. Als er den Koffer öffnete, sah ich lauter Dinge, die ich zuvor noch nie gesehen hatte. Näher möchte ich auf den Inhalt nicht eingehen. Da setzte ich allerdings klar eine Grenze: „Warte mal, das ist nicht meins! Absolut nicht meins!" Von da an wurden unsere sexuellen Begegnungen nicht nur eigenartig, sondern sie tendierten gegen null. Es fühlte sich einfach alles nur noch falsch mit ihm an.

Bald schon holte er sich seinen Sex online über Chats. Einmal hatte ich die Gelegenheit, dort einen Blick reinzuwerfen. Was ich da sah, hatte ich in meinem Leben noch nicht gesehen und möchte ich auch nie mehr sehen. Natürlich war er auch da als Dom unterwegs, und die Nachrichten und Bilder waren für mich einfach grauenhaft, aber das machte für mich keinen Unterschied mehr.

Wie man überhaupt in eine solche Situation kommen kann, so einen Chat anzusehen, fragst du? Ich kam abends zufällig in „unser" Studio und fand ihn am PC beim Chatten. Ich fragte nach, und er antwortete, er sei in einem Sex-Chat – mit einer

Selbstverständlichkeit, als ob es um eine Pizzabestellung ginge. Nun war ich neugierig geworden. Ich fühlte mich fast wie in einem meiner Fernseh-Interviews – ich wollte mehr erfahren.

Ich schaute also in seinen Sex-Chat rein und es schnürte mir mehr und mehr den Hals zu. Die Art, wie die Chat-Teilnehmer miteinander redeten, war für mich mehr als strange. Am allerschlimmsten waren die Fotos und die Videos, die sie miteinander teilten. Ich glaubte, in einem Video die Strangulierung einer Frau durch zwei Männer gesehen zu haben – alles in einer Live-Übertragung! Mr. X versicherte mir jedoch, dass sie all das wolle und es ihr damit gut gehe.

Diese Geräusche, die Bilder – was waren das für Menschen? Das hat doch nichts mit Sex zu tun! Ich stand unter Schock, auch wenn Mr. X versuchte, mich zu beruhigen.

Ob er im echten Leben derartige Dates hatte, weiß ich nicht, und ich wollte es auch gar nicht wissen. Es war für mich einfach nur schlimm und abstoßend.

Unter Kontrolle

Wir waren geschäftlich verbunden, Mr. X hatte meine Webseite unter seiner Kontrolle, kam zu jeder Honorarverhandlung mit, und wollte auch noch Geld dafür haben. Unterm Strich finanzierte ich unser gesamtes Leben. Er hatte trotz seiner Hundecoaching-Geschichten in eher ärmlichen Verhältnissen gelebt, bis er mich unter seine Fittiche nahm. Erst durch das Geld, das ich einbrachte, ging es ihm finanziell gut. Das war für mich auch absolut in Ordnung. Wenn ich mit jemandem zusammen bin, dann gibt es kein „deins" und „meins" – mit der Ausnahme meines Kontos, glücklicherweise. Und wie sehr mich das retten würde, sollte sich noch zeigen.

Die Beziehung geriet immer mehr in eine Schräglage. Mich wollte Mr. X immer kontrollieren, er ließ sich sogar regelmäßig mein Handy zeigen. Er auf der anderen Seite schrieb nachts mit anderen Leuten. Das wiederum ging mich seiner Meinung nach nichts an. Auch hier: Ich habe keine Ahnung, wieso ich mitgespielt habe! Ich war mir einfach selbst nichts mehr wert!

Was es mich an Kraft gekostet hat, nach außen die starke und tolle Moderatorin zu sein, während ich in seinem Dunstkreis zur Assistentin schrumpfte, die den Mund nicht aufmachen durfte, das kannst du dir sicher vorstellen. Ich hatte null Selbstbewusstsein. Das bisschen, das da war, war gespielt – mein ganzes Leben hatte ich gelernt, stark auszusehen, auch wenn ich innerlich zerbrach.

Du fragst dich vielleicht, wieso ich nicht versucht habe, auszubrechen. Glaub mir, das habe ich! Mein Hobby war, heimlich Wohnungen zu suchen, und irgendwann schaffte ich es sogar, einen Besichtigungstermin zu vereinbaren. Es war verdammt schwer, weil er verlangte, dass ich ihm über jeden meiner Schritte Rechenschaft ablegte. Irgendwann bekam ich es aber doch hin. Ich unterschrieb sogar einen Mietvertrag und zog aus. Ich nahm mit, was ich tragen konnte, und war weg.

Und dabei unterlief mir der nächste große Fehler: Ich brach den Kontakt nicht ab – aus welchen Gründen auch immer, vielleicht hatte ich noch nicht genug gelernt. Und so schaffte Mr. X es, mich auf die emotionale Schiene wieder in seinen Bannkreis zu ziehen. „Blöd!", denkst du dir wahrscheinlich. Und ja, aus heutiger Sicht, mit Abstand, sehe ich das genauso. Doch ich war auch nach dem Auszug seelisch und mental immer noch nicht mehr als ein Staubkorn. Daher kam es, wie es kommen musste, und ich zog wieder bei ihm ein. Oder anders gesagt: Er nahm mich großzügigerweise zurück. In meiner wirklich schönen Wohnung, einem richtigen Glücksgriff, hatte ich nur ein paar Nächte verbringen können, bevor es wieder ab in die Hölle ging.

Überraschung: Alles ging wieder von vorne los! Ich war wie ferngesteuert, und keine meiner Freundinnen schaffte es, mich aus diesem Stockholm-Syndrom-ähnlichen Zustand zu befreien – nicht mal mein Bruder Tony, der sich alle Mühe gab, mich da rauszuholen.

Letzter Ausweg: Psychologe

Zumindest war ich damals so weit, einen Psychologen aufzusuchen. Einen Sexualtherapeuten, um genau zu sein. Ich wollte ja noch immer, dass es mit uns klappt. Angedacht hatte ich eine Paarberatung, aber natürlich landete ich am Ende allein dort. Nachdem Mr. X mich zuvor eingesperrt hatte und mich nicht einmal gehen lassen wollte, schaffte ich es dann doch irgendwie, hinzukommen. Später, nach ein paar Sitzungen, ließ er es überhaupt nicht mehr zu, dass ich zur Therapie ging. Doch diese drei Termine halfen mir enorm. Der Psychologe bestärkte mich in allem und riet mir, dringend aus der Beziehung rauszukommen. Es sei wirklich große Gefahr im Verzug. „Wenn du es schaffst, geh raus da. Den Kontakt völlig abbrechen, ihn nie mehr sehen. Wenn du ihn auf der Straße siehst, Seite wechseln. Er ist offenbar ein schwerer Sadist und Narzisst." Was es bedeutet, ein Narzisst zu sein, wusste ich bis zu diesen ersten Besuchen beim Therapeuten ebenfalls nicht. Ich hatte zuvor noch nie das Bedürfnis gehabt, mich mit solchen Themen auseinanderzusetzen.

Wir hatten ständig wirklich schlimme Streits. Bei Mr. X lernte ich zu schreien – das hatte ich bis dahin nicht gekonnt. Gerade auf der Straße wäre das für mich nie infrage gekommen. Doch ich war wie ein Kind, das kurz vor dem Ertrinken war, und mir war völlig egal, wer neben mir stand, wo wir waren, ich schrie einfach los. Wir müssen ein sehr asoziales Bild abgegeben haben, jeder in unserem Haus bekam es mit, aber meine Not war mittlerweile so groß, dass es für mich keine Rolle mehr spielte. Im Nachhinein ist es mir wirklich sehr peinlich, aber es ist, wie es ist, und ich musste da offenbar durch.

Eines Tages, wir waren mit dem Auto unterwegs, gab es wieder einen besonders heftigen Streit. Eigentlich hatten wir vorgehabt, mit Balu an den See zu fahren, um mit ihm dort eine Runde zu gehen. Es war der 10. Juni, der Geburtstag meiner Mutter. Und es war der Tag, an dem ich Mr. X endgültig verließ.

Wir waren noch in der Stadt. Er brüllte, weil alle anderen nicht schnell genug fuhren, schimpfte lauthals, und ich hatte Angst, dass er den Baseballschläger, den er immer dabeihatte, auspacken und auf einen anderen Verkehrsteilnehmer losgehen würde. Ich erlaubte mir zu sagen: „Der hat doch gar nichts gemacht!" Da projizierte er wie üblich seinen Zorn auf mich, überschüttete mich mit Vorwürfen und Beschimpfungen, während ich auf dem Beifahrersitz immer kleiner und stiller wurde. In meinem Kopf war nur noch ein Gedanke: „An der nächsten Ampel spring ich raus!" Ich wollte nur aus dieser schlimmen Diskussion raus, ich konnte es einfach nicht mehr ertragen.

Dann ging es ganz schnell: Er bremste ab, das Auto war noch nicht einmal zum Stehen gekommen. Da schnappte ich mir die Handtasche, um deren Griff sich meine Finger schon die längste Zeit geklammert hatten, schaute noch, dass kein Unfall passiert, riss die Tür auf und hechtete aus dem Wagen. Dann rannte ich. Und rannte. Und rannte. Ich war innerlich stocksteif vom Schock, und ich konnte nichts als rennen. Es war ein glühend heißer Tag, trotzdem lief ich, soweit mich meine Füße trugen. Da ich jahrelang Marathon gelaufen war, kam ich weit, doch irgendwann konnte ich nicht mehr. Wie genau weiß ich nicht, aber ich schaffte es nach Hause. Völlig erledigt, nassgeschwitzt, abgehetzt, am ganzen Körper zitternd.

Ein Blick auf mein Handy zeigte mir, dass Mr. X in der Zwischenzeit nicht untätig geblieben war. Unzählige Anrufe in Abwesenheit. Etliche Nachrichten. Die letzte lautete: „Du verlässt sofort meine Wohnung! Nimm mit, was du tragen kannst – was noch drinnen bleibt, gehört mir! Wenn ich zurückkomme, bist du weg. Du hast 30 Minuten Zeit ..."

Mein Kopf schaltete auf Überlebensmodus. Mein Auto stand

unten vor der Türe, und ich packte alles, was ich von meinen Sachen in der Eile finden konnte, rein. Alles an Technik musste ich leider zurücklassen, aber wenigstens meinen Laptop konnte ich mitnehmen. Ich packte auch mein Kopfkissen ein, falls ich im Auto schlafen würde müssen, und draußen war ich. Zuerst ging ich in mein Lieblingscafé. Und machte mir bewusst: Ich bin jetzt obdachlos. Ich habe kein Zuhause mehr! In meiner Not ging der erste Anruf an mein Bruderherz Tony, dem ich alles erzählte. „Super! Sehr gut! Jetzt hör mir einfach nur zu! Fahr nie wieder dorthin zurück, jetzt ist es endlich passiert, du bist weg von dem! Frag deine Freundinnen, ob du irgendwo schlafen kannst, und dann schauen wir weiter. Wir finden eine Wohnung für dich, ich helfe dir!"

Damit hatte er mich erst mal total beruhigt, und ich konnte zum ersten Mal seit einer gefühlten Ewigkeit durchatmen. Als ich dann noch von Sabine, damals eine meiner besten Freundinnen, eine Einladung bekam, dass ich bei ihr bleiben könnte, solange ich wollte, fiel mir ein Gebirge vom Herzen.

Der Weg zurück ans Tageslicht

Sabine päppelte mich wieder auf. Ein halbes Jahr blieb ich, und ich war weiß Gott keine gute Gesellschaft! Es dauerte lange, bis ich darüber sprechen konnte – ich musste erst einmal mit mir selbst klarkommen und all das, was in den vergangenen zwei Jahren geschehen war, reflektieren. Als ich dann endlich so weit war, kümmerte sich Sabine auch in dieser Hinsicht um mich. Wir saßen jeden Abend auf ihrem Balkon und redeten ohne Ende. Ich kann ihr gar nicht oft genug dafür danken, was sie damals für mich getan hat. Das werde ich nie im Leben vergessen! Mittlerweile haben sich unsere Wege zwar ein bisschen voneinander entfernt, aber in meinem Herzen wird sie immer einen Platz haben, allein dafür, was sie damals für mich getan hat. Später fand ich eine Wohnung, eine kleine Oase am Stadtrand von Leipzig. Es war ein Traum! Mr. X versuchte auch da noch immer wieder, mich zu kontaktieren. Es wurde noch mal richtig krass und es ging so weit, dass ich meine Nachbarn bitten musste, keine fremden Männer ins Haus zu lassen. Sabine hatte mich erfolgreich abgeschottet, aber nun stand ich wieder allein da. Und obwohl wir keinen Kontakt hatten, wusste er über jeden meiner Schritte Bescheid.

Warum, war mir lange Zeit ein Rätsel, aber dann wurde mir siedend heiß klar: Er kannte alle meine Passwörter, und so konnte er jede Kommunikation, die ich über WhatsApp oder den Messenger mit irgendjemandem führte, in Echtzeit mitlesen. Er wusste alles! Daraufhin änderte ich alle meine Passwörter und zumindest dieser Spuk war vorbei. Dafür stand er regelmäßig unten vor dem Eingang und wartete auf mich. Es ging bis zu Morddrohungen: „Ich bring dich um!" Ich stand sogar unter Polizeischutz, und auch in meinem Häuschen wussten alle Bescheid und passten ein bisschen auf mich auf. Ich hatte wirklich Panik! Denn eines musste ich schnell lernen: Wirklich helfen kann die Polizei nur, wenn der Mord schon passiert ist. Für mich bedeutete das, dass ich, wenn wieder eine Drohung kam, auf die Polizeiwache ging und dort für eine Weile Zuflucht suchte, bis ich mich wieder hinauswagte.

Parallel dazu versuchte ich, mithilfe zweier Anwälte wieder an mein Eigentum zu kommen. Ich mach's kurz: leider vergeblich. Den Wert meiner Sachen, die noch in der Wohnung waren, hätte ich mehrfach vorauszahlen müssen, um alles wiederzubekommen. Nun hatte ich durch das Auf und Ab als Selbstständige kein finanzielles Polster. Ich hätte also keine 40.000 Euro für einen Prozess vorstrecken können. Ich hatte in meiner neuen Wohnung nichts. Keine Gabeln, keine Löffel, keine Lampen, nichts. Ich zog mit meinem Kopfkissen und mit den Klamotten ein, die ich bei meiner Auto-Flucht hatte schnappen können. Den Rest meiner Kleidung schickte Mr. X mir Monate später großzügigerweise nach, aber sonst hatte ich wirklich nichts.

Alles andere blieb in der Wohnung dieses Mannes. Ich ertappte mich immer wieder dabei, dass ich ihm meine schönen Sachen nicht gönnte. Das erste teure Bild, das ich mir gekauft hatte, war zurückgeblieben. Auch Fotos von Matthias und andere emotional besetzte Dinge aus der Zeit vor ihm sowie die gesamte Technik – ich hatte diese Wohnung ja eingerichtet und verschönt. Das war nun alles verloren. Mir tat das Herz weh!

Dazu hatte er sich noch meine Webseiten unter den Nagel gerissen und gab sie nicht mehr raus. Webseiten mit meinem Namen, den ich mir hatte schützen lassen! Letztendlich kam ich über ein Existenzgründungsseminar an die richtigen Leute, richtige Cracks, die mir halfen, mich neu aufzustellen. Mit neuer Webpräsenz und neuen Profilen. Aus diana-schell.de wurde diana-schell.com, was für einen internationalen Auftritt ohnehin besser ist.

Erst Jahre später gab er mir die Domain wieder zurück, und somit ist diana-schell.de ebenfalls wieder in meinem Besitz.

Wieso Mr. X mir mein Eigentum verweigerte? Weil ich – auch das durfte ich lernen – etwas getan hatte, das Narzissten absolut nicht vertragen. Ich hatte ihn ignoriert. Völliger Kontaktabbruch. Selbst auf seine Geburtstagswünsche reagierte ich nicht. Einfach, damit ich mit der Sache abschließen konnte. Denn das, was man bekämpft, wird größer und stärker. Doch so richtig gelang mir das Loslassen noch nicht – ich hasste diesen Menschen abgrundtief!

Ich hatte sehr viel aufzuarbeiten und erst Jahre später ließ ich den Kontakt in Form von Glückwünschen zum Geburtstag zu.

Nachdem ich nach gut einem Jahr wieder in meiner Kraft war, seelisch und mental wieder ganz bei mir, wollte ich diese schlimmste Phase in meinem Leben aufarbeiten und verstehen, wie mir so etwas passieren hatte können. Einfach, damit es mir nie wieder passiert. Hierbei half mir Sanne.

Sie ist nicht nur meine beste Freundin seit mittlerweile über 30 Jahren, sie ist auch Psychologin – zwar Kinder- und Jugendpsychologin, aber ... Psychodoc ist Psychodoc, sag ich jetzt mal einfach. In einem unserer zahlreichen Gespräche empfahl sie mir Christian Hemschemeier, einen Diplom-Psychologen und Experten für toxische Beziehungen, der seit mehr als 20 Jahren als Paartherapeut und Singlecoach tätig ist und in seinem YouTube-Kanal regelmäßig tolle Tipps gibt. Er hat mir nicht nur viele Lichter aufgehen lassen, ich durfte diesen charismatischen Menschen später auch persönlich kennenlernen und mehrmals für meine Show „Blondhörig" interviewen.

Christian Hemschemeier bietet auch Online-Kurse zu verschiedensten Paar-Themen an, von denen ich einige absolviert habe. Ich lernte, lernte, lernte. Das soll bitte keine Werbung sein – es ist einfach mein Weg, mit dieser speziellen Paar-Thematik umzugehen. Wieso ich das hier schreibe? Es gibt offensichtlich viele Menschen, die in toxischen Beziehungen feststecken und es nicht schaffen, auszusteigen. Deswegen gehe ich auch auf diese Thematik näher ein. Ich möchte jenen, die Ähnliches erleben oder erlebt haben, sagen: Du bist nicht allein! Es gibt Hilfe – nimm sie an!

Damit du eine Ahnung bekommst, wie Narzissten ticken, hab ich hier einen Abschnitt aus der Webseite von Christian Hemschemeier für dich herausgesucht, der sich auf das Thema Partnerschaft spezialisiert hat. Mehr dazu findest du in seinem Buch „Der Liebescode[8]".

Was ist typisch für Beziehungen mit narzisstischen Anteilen?

Diese Beziehungen sind geprägt von Angst, Unvorhersehbarkeit, enttäuschten Erwartungen und kurzen Phasen von Hochgefühl. Ohne zu sehr in die Tiefe zu gehen, was problematische Persönlichkeitsanteile angeht, kann man sagen, dass solche Partner ein hohes Maß an Egozentrik, Selbstbezogenheit, mangelndes Mitgefühl und Kühle mitbringen. Leider sind diese Eigenschaften oft verdeckt, verborgen hinter einer scheinbaren Grandiosität und viel Charisma. Noch dazu gibt es „verdeckte" Narzissten, die all diese Dinge hinter einer sehr verletzlich wirkenden Fassade verstecken. Auch Narzissten leiden an sich selbst. Leider fehlt ihnen jedoch oft die Einsicht, an diesem Muster etwas zu verändern.

In schöner Regelmäßigkeit finden wir auf der anderen Beziehungsseite Menschen, die besonders nett, empathisch, großzügig sind, aber auch sich selbst und ihre eigenen Bedürfnisse kaum wahrnehmen und sich in solchen Beziehungen völlig verlieren. Diese Verbindungen gehören zu den schmerzhaftesten, die ich sehe (teilweise auch für beide Seiten).

---

[8] Christian Hemschemeier – Der Liebescode: Beziehungen von morgen (2019) Luther Verlag

Typische Warnzeichen und Beziehungsphasen

Es gibt für narzisstisch geprägte Beziehungen ein paar typische Warnzeichen, an denen man vielleicht rechtzeitig merkt, dass man auf dem falschen Pfad ist. Zunächst einmal gibt es das „Liebes-Bombardement", eine Art Idealisierung in der frühen Beziehungsanbahnung. Ohne sich wirklich zu kennen, wird man auf ein Podest gehoben, es gibt Liebesschwüre, endlose SMS-Ketten, Kompliment reiht sich an Kompliment. Dazu gesellt sich das „Vorspulen", das rasend schnelle Durchlaufen von ersten Beziehungsphasen (insbesondere, was Sex angeht). Das verstärkt den Eindruck, den Richtigen / die Richtige gefunden zu haben. Diese Phase ist aber bereits das „Beste", was die Beziehung zu bieten hat ...

Es ist, als ob man mit dem Dessert anfängt – danach geht es leider meist nur noch bergab.

In der nächsten Phase setzt Kritik ein. Dies kann alles betreffen, z. B. wie man sich anzieht, seinen Haushalt führt, wie man isst, einfach alles ist möglich. Schmerzhaft wird einem das Podest wieder entzogen und man fällt recht hart auf den Boden.

Zunächst kann man es vielleicht nicht recht fassen und versucht, den Partner wieder für sich zu „gewinnen", um wieder in die schöne Anfangsphase zu kommen. Auf einmal scheint sich dieser aber immer mehr zu distanzieren. Und unter Umständen kommt auch Eifersucht ins Spiel, weil man sich einfach nicht mehr sicher fühlt. Oft sind solche Partner auch gar nicht wirklich verfügbar, man ist vielleicht in einem Beziehungsdreieck gefangen. Es gibt oft Suchtprobleme, oder er / sie bekennt sich schlicht nicht wirklich zur Beziehung.

Dies bemerkt man daran, dass andere Menschen trotz aller Liebesschwüre scheinbar wichtiger sind, oder die Arbeit immer vorgeschoben wird oder oft auch gemeinsame Feste nicht miteinander verbracht werden.

Nun beginnt man vielleicht nach und nach, diese nie stattfindenden Meilensteine einer Beziehung einzufordern – und trifft auf die vielleicht schmerzhafteste Vermeidungsstrategie, das „Luftschlösser bauen". Es gibt Versprechungen, dass sich alles ändert – aber bitte erst in der ZUKUNFT.

Diese nie eingehaltenen Versprechen dienen dazu, im Hier und Jetzt das zu bekommen, was ich gerne die „Nebenleistungen" von Beziehung nenne: Sex und Aufmerksamkeit. Wenn es doch mal zu einem der seltenen Gespräche über diese Dynamiken kommt, was schwer herzustellen ist, kann man sich sicher sein, dass man selbst immer die Schuld bekommt. Häufig kommt es auch zu vielen kleinen Lügen und Verdrehungen von Tatsachen, die ein Gefühl von extremer Unsicherheit und Zweifel an der eigenen Wahrnehmung auslösen.

Die finale Phase ist dann oft eine abrupte Trennung, die von beiden Seiten ausgehen kann. Aber damit ist leider die dysfunktionale Dynamik häufig nicht beendet. Nach einer Distanzphase mit hier interessanterweise oft heftigstem Liebeskummer kommt das Paar häufig wieder zusammen, man durchläuft den ganzen Zyklus wieder, aber diesmal mit einer deutlich kürzeren Honeymoon-Phase. Dies geht so lange, bis einer oder beide meist völlig erschöpft und demoralisiert aufgeben.

Mit brutaler Gewalt – oder gar nicht

Doch noch einmal kurz zurück zu meinem physischen Eigentum. Meine Muckibude, deren Publikum sehr bunt gemischt war und sich unter anderem aus Hell's Angels-Mitgliedern, Türstehern, Profiboxern und Co. zusammensetzte, war geradezu perfekt, um „unbürokratische Hilfe" zu erhalten. Und ich gestehe, dass ich eine Weile überlegte, diesen Weg zu gehen. Was mich letztlich davon abhielt, war vor allem eine Aussage eines meiner Trainingsbuddys: „Diana, du musst dir darüber im Klaren sein, wenn wir da hinkommen, da wird nicht gefackelt. Und wenn der seinen Hund vorschickt, dann können wir auf den keine Rücksicht nehmen. Und selbst wenn wir dem Typen, der ja wirklich ein Hemd ist, nur eine knallen, kann er ernsthafte Schäden davontragen. Das musst du einberechnen. Wenn das für dich okay ist, dann ziehen wir los und holen deine Sachen alle dort raus!"

Damit war dieser Gedanke ausgedacht. Das konnte ich nicht mit mir vereinbaren! Ich wollte Mr. X keinen bleibenden Schaden zufügen, aber das Schlimmste wäre gewesen, wenn dem lieben, tollen Balu etwas passiert wäre! Und natürlich hätte er den Hund vorgeschickt! Also sagte ich mir schließlich: „Diana, es ist nur Geld. Lass es gut sein!"

Mir ist inzwischen klar, dass er eine ganz arme Seele ist und auch, wieso er so geworden ist. Dennoch ist das, was er mit mir gemacht hat, auf menschlicher Ebene unverzeihlich. Aber – und ich habe lange gebraucht, um diesen Gedanken zulassen zu können – ich hatte mich freiwillig in diese Opferrolle hineinbegeben. Ich hatte meinen Anteil dazu beigetragen – und ich musste lernen, das zu akzeptieren.

Engel im Radio

Ich arbeitete nun schon wieder seit einiger Zeit im Radio, bei Radio PSR, um genau zu sein, und meine Kollegen standen hinter mir. Das war für mich eine großartige neue Erfahrung – ich war als Einzelkämpferin nicht gewohnt, in einer Büro-Einheit zu arbeiten, in der es ein Miteinander gibt. Da wurde mir zum ersten Mal bewusst, dass es toll sein kann, nicht allein zu sein. Ich hatte in dieser Zeit Geburtstag. Meine Kollegen überraschten mich zu diesem Anlass mit einer Grundausstattung für meine Wohnung. Jeder, der etwas hatte, das er aktuell nicht brauchte, steuerte etwas bei, und es waren wirklich süße Sachen! Ein Stuhl, Geschirr, eine Mikrowelle (die ging zwar nicht, aber das war mir egal), ein Radiowecker, auf den sie mir eine Weckmelodie eingesungen hatten – es war so süß! Wahnsinn! Ich konnte kaum begreifen, dass es solche Leute gibt! Ich möchte noch einmal aus tiefstem Herzen DANKE sagen an euch – ihr wisst, wen ich meine! Dieser Geburtstag bleibt mir auf ewig unvergessen!

Natürlich verdiente ich auch Geld, und so peu à peu konnte ich mir alles schön einrichten. Ich erschuf mir ein richtiges kleines Himmelreich.

Das isser – oder?

Ich war Single und wollte das erstmal auch bleiben. Eines Tages stolperte ich dennoch irgendwie wieder ins Dating-Geschehen. Online, über Social Media, und ganz kurz aus Neugier auch via Tinder und Bumble. Und da traf ich Männer, die vergeben waren, die nicht mit offenen Karten spielten und letztlich ihr eigenes Rucksäckchen zu tragen hatten. Die meisten suchten nur Abwechslung oder Ablenkung.

Ich hatte den großen Nachteil, dass ich mein Herz sehr schnell verschenkt und das dann auch noch deutlich kommuniziert habe. Ich war nie eine Klette, aber ich gab immer klar zu verstehen, dass ich da bin, dass ich verfügbar bin und dass ich bereit bin, in eine Beziehung zu investieren. Das mache ich heute nicht mehr so schnell – aus guten Gründen! Ich schütze mich selbst einfach besser.

Doch bevor ich an dem Punkt angelangt war, dass ich verstand, wie klug es wäre, mich etwas einzubremsen, passierte es mir immer wieder mal, dass ich dachte: „Das isser!" Was soll ich sagen, keiner davon war es! Allerdings begegneten mir auf dem Weg einige interessante Gestalten. Ich werde sie aus Datenschutzgründen nicht beim Namen nennen. Da waren der Rennfahrer, der sich nicht binden wollte und höchstwahrscheinlich schon eine feste Beziehung hatte; der Soldat, der bei mir mit einer Tasche einzog – und zeitgleich auch bei ein paar anderen Frauen; oder der Hobbypilot, der mich in eine Dreiecksbeziehung verstricken wollte.

Wie Phönix aus der Asche

Die dunkle Zeit meines Lebens war vorüber, ich habe viel über mich gelernt und bin gestärkt wie der Phönix aus der Asche gestiegen, zurück in ein noch schöneres Leben, weil ich ganz bei mir gelandet bin. Mir ist wirklich bewusst geworden, dass alle Stärke, die ich brauche, in mir selbst liegt und nicht im Außen. Liebe kann mich ergänzen. Sie kann zu mir kommen, wenn die Energie stimmt. Doch mein Glück, meine Zufriedenheit und meine Dankbarkeit für das Leben mache ich von niemandem mehr abhängig. Aus heutiger Sicht ist mir klar, wie wahnsinnig wichtig all diese Erlebnisse waren. Und dass mir diese Erkenntnisse, diese Souveränität und Gelassenheit, die ich lernen durfte, niemand mehr nehmen kann. Ich bin mir selbst in jeder Hinsicht genug. Erst mal mit sich selbst glücklich zu sein, ist für mich die Grundvoraussetzung, um mit jemand anderem glücklich zu werden. Das Universum macht keine Fehler, sagt man, und da stimme ich zu. Alles kommt, wie es kommen soll, damit wir auch die Möglichkeit haben, uns weiterzuentwickeln und zu lernen.

PS: Noch einmal ein Dankeschön aus ganzem Herzen an meine Sanne, die mir eine großartige Lehrmeisterin und Wegbegleiterin auf der Reise zu mir selbst und zu mehr Bewusstsein war.

PPS: Übrigens ... DAS isser! Love you, Alen!

Und weiter geht's mit der Karriere

Foto: Thomas Fiedler

Und weiter geht's mit der Karriere

Teleshopping – zurück in die Zukunft

Wie du ja mittlerweile weißt, moderiere ich seit meinem 16. Lebensjahr auf allen Ebenen, also Radio, Fernsehen und Events. Manchmal hatte ich im Jahr 150 Events, manchmal sogar drei verschiedene Veranstaltungen pro Tag, an verschiedenen Orten wohlgemerkt.

Das Fernsehen war eine Zeit lang eher unterrepräsentiert. Doch eines Tages schrieb mich über eine Businessplattform eine Frau an. Eine Frau, die ich übrigens bis heute nicht persönlich kennengelernt habe. Sie machte mich darauf aufmerksam, dass ein Shoppingsender, 123tv, ein Moderatorinnen-Casting veranstaltete. Eigentlich war ich immer ein Snob, wenn es um Fernsehen ging – ich wollte Unterhaltung machen. Immerhin war ich bei 100 % eingestiegen. „Hm", dachte ich. „Verkaufsfernsehen!" Ich zog eine Augenbraue hoch. Dann überlegte ich: Was ist mein Moderatorinnenjob auf allen Ebenen? Mich verkaufen. Immer. Zuerst „verkaufe" ich mich, in dem Sinne, dass ich mich sympathisch mache. Dann verkaufe ich das Produkt. Also ich öffne das Publikum für das, wofür ich gebucht bin. Seien es Interviews, Talks, ein bestimmtes Produkt – ich verkaufe (mich) die ganze Zeit. Also, was sollte passieren? „Wer nicht wagt, der nicht gewinnt", dachte ich weiter und beschloss, innerlich für dieses neue Format aufgeschlossen zu sein. Ich hatte keine Ahnung, worauf ich mich einließ. Hatte so etwas noch nie geschaut, und auch den Sender kannte ich nicht – noch nie gehört oder gesehen! Ich schaute dann mal kurz rein und beschloss, es einfach zu probieren. Ich nahm mit meinem Handy ein Casting-Video auf, in dem ich erklärte, wieso gerade ich die Richtige bin. Offenbar machte ich alles richtig, denn ich wurde sofort eingeladen und auch genommen! Jetzt stand ich da und dachte: „Oh shit, jetzt nehmen mich die auch noch – was machst'n jetzt?"

Bald bemerkte ich, dass das spannend war. Es gab ganz viel Mode, und ich hatte ja schon so viele Fashion-Shows moderiert. Mode, wie geil!

Da wurde mir zum ersten Mal bewusst, wie genial Teleshopping ist. Wie zeitgemäß es ist und wie sehr dieses Format auch bleiben wird, ob im TV selbst oder auch auf Social Media. Es war wie für mich gemacht! Nochmal danke an diese Frau, die mir damals diesen Link geschickt hat! Danke schön!

Der Teleshopping-Sender war in München, ich damals noch in Leipzig, also fuhr ich viel hin und her. Anderthalb Jahre lang. Und dann kam HSE. Wieder, wie schon viel früher bei MDR, wurde ich entdeckt, ich musste mich nicht bewerben, sondern wurde einfach abgeworben. Einerseits fühlte ich mich gebauchpinselt, auf der anderen Seite waren die Arbeitsbedingungen bei HSE eindeutig besser.

BLONDHÖRIG

www.youtube.com/blondhörig

Es gibt viele Ideen, die sich gerade und in nächster Zeit materialisieren werden. Mir ist es wichtig, einfach andere Frauen zu motivieren, zu inspirieren und mitzunehmen. Ich bin fast jeden Tag im Teleshopping zu sehen, und auch das ist, ebenso wie **BLONDHÖRIG**, eine Facette von mir.

Mit der YouTube-Show **BLONDHÖRIG**, die es auch als Podcast gibt, bringe ich die klassische Unterhaltungs-Show ins heutige Zeitalter und in die moderne Fernsehwelt, die sich eben auf Kanälen wie YouTube abspielt. Hier empfange ich einmal im Monat einen Promi-Gast und interviewe ihn auf meine ganz eigene, schrille Art. Gemixt mit schrägen Spielen und speziellen Aktionen gehen hier die Promis ganz aus sich heraus und zeigen sich anders, als man sie kennt – das macht den besonderen Reiz der Show aus. Promi-Talkgäste waren beispielsweise: Kathy Kelly, Vera Int Veen, Axel Schulz, Micaela Schäfer, MC Fitti, Papis Loveday, Ireen Sheer und viele, viele andere.

Ohne Musik geht bei mir natürlich auch hier nichts, deswegen gibt's in jeder Show Live-Musik von gestandenen Musikstars. Auch Newcomer haben in **BLONDHÖRIG** eine Bühne. Für manche ist die Show ein Sprungbrett in die Medien-Wahrnehmung, was mich natürlich besonders stolz macht.

Schau einfach mal bei YouTube rein und lass ein Like oder einen Kommentar da – jetzt schon vielen lieben Dank dafür!

Die Namen der **BLONDHÖRIG** Gäste
von oben links im Uhrzeigersinn:

Katy Bähm | Papis Loveday | Martin Smolinsky
Kathy Kelly | Martin Smolinsky
MC Fitti (+ Tony Kretschmer als „Mac Gyver des Ostens")
Gayle Tufts und Britt Kanja

Fotos: Andy Lutze

DICKE
TITTEN

PLAYBOY
ALLES, WAS MÄNNER LIEBEN
Shopping-TV-Queen
Diana
Schell
Warum wir ihr wirklich alles abkaufen: Ein Rendezvous mit der schönen
HSE-MODERATORIN
CARS – Das
Billy Idol
Reportage: Im
Deutschland im

Playboy und ab jetzt „die deutsche JLo"

Als ich bei 123tv arbeitete, kam der Playboy zum ersten Mal auf mich zu. Man wollte eine Fotoserie machen: „Die schönsten Teleshopping-Moderatorinnen", mit Nacktfotos natürlich. Ich war damals etwas geschockt – ich und nackt im Hochglanzmagazin? Ich mach ja vieles – aber immer angezogen! Gleichzeitig fühlte ich mich natürlich gebauchpinselt. Der Gedanke war schön und schlimm zugleich. Ich wollte nie Model werden. Mir war es immer wichtig, dass ich bei meinen Beschäftigungen mehr einbrachte als mein Aussehen, eine Leistung. Außerdem war die Vorstellung, mich auszuziehen, richtig schwierig für mich, obwohl ich mit der Freikörperkultur (FKK) der DDR groß geworden bin. Das war dann doch eine ganz andere Nummer! Ich redete mit meinen engsten Vertrauten darüber und tauschte mich mit einer Bekannten aus, die schon mal Playboy Bunny gewesen war, und langsam nahm der Gedanke Gestalt an. Ich überwand mich, sagte mir selbst: „Okay, ich mach das jetzt!" Die ersten weiterführenden Gespräche hatten schon stattgefunden, doch dann kam es nicht dazu. Der Redaktionsplan wurde umgeschmissen und die ganze Serie gab es nicht mehr. Und das war gut! Dann sollte es halt nicht sein! Ich atmete ehrlich gesagt auch ein bisschen erleichtert auf.

Doch das sollte es nicht gewesen sein. Offenbar hatte man mich im Gedächtnis behalten, denn zwei Jahre später – ich war mittlerweile schon bei HSE – kam der Playboy nochmal auf mich zu. Unter anderen Vorzeichen. Denn sie wollten mich als Playboy-Coverstar. Meine Gedanken dazu hatte ich mir ja schon vorab gemacht, und daher fiel es mir nun relativ leicht, mit einem klaren und freudigen Ja zu antworten.

Ich sah die Chance – nicht nur für mich, sondern als Statement. Ich war mittlerweile über 50, und ich wollte nicht nur die berufliche Chance nutzen, sondern auch eine Lanze brechen. Für alle Frauen. Schaut, das geht!

Falls du dich fragst: Nein, ich sehe nicht immer so aus wie auf diesen Fotos für den Playboy. Ich musste mich in Form bringen, habe wie blöd trainiert, mir sogar für viel Geld einen Personal Trainer geleistet und meine Ernährung brutal umgestellt. Immerhin musste ich in kürzester Zeit meine Höchstform haben! Als erschwerende Bedingung kam dazu, dass dank COVID und Lockdown kein Fitnessstudio offen hatte. Wie will man denn ohne hartes Muskeltraining und ohne schwere Gewichte so schnell in Form kommen? Aber ich hab es geschafft.

Das Shooting fand auf Mallorca statt. Am Vorabend trafen wir uns zum Abendessen. Das Team, das mich begleitete, bestand aus einer Stylistin, dem Fotografen und seinem Assistenten und Natasa vom Playboy, die für mich zuständig war. Im Playboy bezeichnete man mich als die „deutsche JLo". Ich wurde schon früher wegen meines Pos so genannt, aber nun habe ich diesen „Titel" auch offiziell. Ich find's gut! Es war schon sehr seltsam, mit dem Typen, der mich am nächsten Tag splitternackt fotografieren würde, gemütlich am Tisch zu sitzen. „Ach was", beruhigte mich Natasa. „Die meisten vergessen blitzschnell, dass sie nackig sind. Dann ist alles ganz normal und entspannt!" „Na klar", antwortete ich. „Ganz entspannt! Das sagt ihr bestimmt einer jeden!"

Machen sie auch, da bin ich sicher! Aber sie hatte recht. Wir begannen auf der Jacht, und Natasa „turnte" mir meine Posen immer ein bisschen vor, und ich machte es so gut wie möglich nach – ich bin kein Model und habe keine Ahnung vom Posen! Natürlich war nicht alles gut, was ich gemacht hab, aber ich kam sehr schnell in den Model-Modus. Und ja, ich hab auch rasch vergessen, dass ich nackt war.

Foto: Thomas Fiedler

Vorher war ich überzeugt davon, dass ich nicht alles zeigen würde ... auch da hatte ich mich getäuscht. Es fühlte sich einfach gut und natürlich an. Und ich kann meinen Schalter von privat auf Business blitzschnell umlegen und mach dann das, was zu machen ist. Es wird einfach durchgezogen. Ohne Wenn und Aber. In diesem Fall waren es 60 Sessions an zwei Tagen! Es war mega anstrengend, schön und surreal zugleich, und ich bereue meine Entscheidung dafür keine Sekunde. Das schönste Kompliment bekam ich von Natasa. „Wir haben immer Puffer. Und du bist eine der wenigen, die es in der geplanten Zeit ohne Puffer geschafft hat! Da kannst du stolz auf dich sein!" Bin ich auch! Da hat sich das Training gelohnt – und es zeigt, was man auch mit 51 noch zu schaffen imstande ist.

Rückblickend kommt es mir vor, als sei diese ganze Fotosession in einem anderen Leben gewesen, so lange scheint sie zurückzuliegen und so viel ist seither passiert. Dabei war es erst vor Kurzem – 2021, um genau zu sein. Es war eines der schönsten Erlebnisse, die ich je hatte. Schon allein deswegen, weil ich über meinen Schatten gesprungen bin – im Grunde meines Wesens bin ich noch immer das kleine, schüchterne Mädchen, auch wenn ich dann schnell auf Profi umschalten kann. Und vor allem, weil dieses Shooting meine Mission unterstützt: zu zeigen, dass man als normale Frau so etwas schaffen kann. Auch wenn man über 50 ist, in Form zu kommen. Und auf diesem Cover zu sein. Ich bin kein großer Star, dem die Türen eingerannt werden. Ich wünsche mir, es zu werden. Nicht wegen des Rampenlichts, sondern, um mehr Frauen den Mut und die Stärke zu geben, noch mehr aus sich zu machen und gehört zu werden.

Mit Leistung kommt man bis zu einem bestimmten Punkt, dann ist Schluss. Um von der Masse gehört zu werden, braucht man, so sagte einmal jemand zu mir, ein „unerhörtes Ereignis". Diese Playboy-Covergeschichte war mein unerhörtes Ereignis.

Die Meldungen gingen durch alle Medien, sogar international, von der BILD-Zeitung über RTL bis nach Skandinavien: Über 50-Jährige schafft es auf die Titelseite des Playboy. Kurze Zeit war ich einfach der heiße Scheiß. Einen kleinen Wermutstropfen hatte das Ganze danach, denn wie schon erwähnt, verband ich meinen Auftritt im Playboy mit einer Mission für alle Frauen und wollte meine Botschaft in den vier Wochen, die ich auf dem Cover der aktuellen Ausgabe war, so weit wie möglich verbreiten. Dafür beauftragte ich ganz professionell eine Dame aus Hamburg, die mir empfohlen worden war, und die Auftritte in diversen Talkformaten und Interviews in Radio, Fernsehen und Magazinen für mich hätte vereinbaren sollen. Sie versprach mir vieles in blumigen Worten, passiert ist auf ihre Aktionen hin leider gar nichts. Sehr ernüchternd! Fazit für mich: Mach besser immer alles selbst!

Ach ja, was die Bilder im Playboy betrifft: Wie du dir vorstellen kannst, sind die Fotos, die tatsächlich ihren Weg in den Playboy gefunden haben, ein Bruchteil derer, die gemacht wurden. Kleine Info für dich am Rande: Es gibt einen Bezahlbereich auf der Playboy-Seite online, wo du noch viel mehr Fotos und auch Videos ansehen kannst.

Partyyyy!

Ein weiterer Vorteil als Playboy-Coverstar liegt darin, dass man zu den berühmt-berüchtigten Playboy-Partys eingeladen wird. Hier ist Aussehen alles, und wie immer flüchte ich nach vorn. In diesem Fall mit wirklich gewagten und genialen Kleidern, wie zum Beispiel vom internationalen Designer NikoNiko (siehe nächste Doppelseite).

Mit Playboy Deutschland-Chef Florian Boitin
Foto: Hendrik Holnäck

Foto: Hendrik Holnäck
Kleid: NikoNiko

Foto: @daria_fotografin Kleid: NikoNiko
Styling: @anna_artist, @white_beauty_munich

Foto: privat
Kleid: NikoNiko

Foto: Hendrik Holnäck

Foto: Hendrik Holnäck
Kleid: @noura_elmassoudi

Schön sein mit 50 plus?

Das kannst du auch!

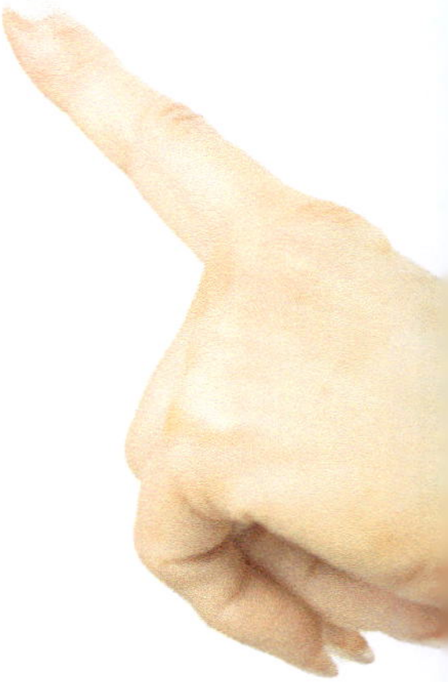

Foto: Hendrik Holnäck

Unsichtbar schon mit 40?

Die Mutter von Dirk, meiner ersten großen Liebe, sagte einmal zu mir:

„Als ich vierzig geworden bin, wurde ich unsichtbar. Ich bin praktisch ganz verschwunden!"

Damals konnte ich sie nicht ganz verstehen, und ich habe seither immer wieder drüber nachgedacht. Ist das ein Naturgesetz?

Heute, mit über 50, weiß ich: Nö, ist es nicht.

Nicht für mich und nicht für dich, die du das Buch gerade in Händen hältst.

Die sogenannten „Goldenen Jahre" können auch die Jahre sein, in denen du dich so attraktiv fühlst und so viel Ausstrahlung hast wie noch nie zuvor in deinem Leben. Wie du an meinem Beispiel siehst, kann man mit Ü50 sogar auf das Cover des Playboy kommen. Doch das ist nicht das Wichtigste. Glaub mir, ich weiß es! Es ist nur ein nettes Goodie.

Und du wirst sehen: So wie du die Vierziger schön und feminin erleben kannst, so geht es auch mit den Fünfzigern, den Sechzigern und so weiter.

Dein eigener Weg in deine Kraft

Der Weg jeder Frau ist anders. Die eine heiratet mit 18, bekommt ein paar Kinder und arbeitet zu Hause. Die andere macht Karriere, versorgt nebenher noch einen Haushalt oder baut sich nebenberuflich ein Business auf. Manche startet früh in die Selbstständigkeit, die andere pflegt Eltern oder Großeltern. Eines haben wir Frauen fast alle gemeinsam: Wir stellen andere in den Mittelpunkt der Aufmerksamkeit, kümmern uns um andere mehr als um uns selbst.

Viele haben manchmal keine andere Wahl, als sich selbst zu vernachlässigen. Der Alltag lässt ihnen keine Zeit, sich zu überlegen, welche Haarfarbe ihnen am besten passt, wie sie sich schminken sollen oder welche Kleidung ihren Stil am besten unterstreicht.

Das Schicksal wollte es, dass ich nicht den normalen Weg gegangen bin, mit Kindern und Familie, sondern stattdessen schon sehr früh auf der Bühne gestanden bin und diese auf die eine oder andere Art nie mehr verlassen habe.

Daher musste ich ständig auf mein Äußeres achten, und es wurde mir zur zweiten Natur, mich immer mehr oder weniger in Form zu halten. Die vielen Jahre vor der Kamera haben dazu geführt, dass ich enorm viel über Make-up und optische Tricks gelernt habe. Meine Zeit in den Bodybuilder-Studios hat mich jede Menge über Ernährung und Training gelehrt. Und dazu hatte ich immer Coaches, die mich auf meinem Weg begleitet haben, und Profis, denen ich Löcher in den Bauch fragen konnte.

Der Effekt ist, dass ich über diese Dinge mehr weiß als die Durchschnittsfrau. Lange war ich mir dessen nicht bewusst. Doch durch meine Moderationen kam ich mit vielen erfolgreichen Frauen zusammen, die mich immer wieder einmal fragten, wie man dieses oder jenes mache. Von Schminktipps über alles rund um den Auftritt bis hin zu Ernährung.

Anfangs war ich höchst überrascht. Diese Sachen, die für mich normal waren und zu meinem Alltag gehörten, sollten anderen nicht bekannt sein? Tatsächlich waren meine Ausführungen für viele neu und spannend. Sie wollten mehr darüber wissen. „Gut, dann werde ich eben Kurse dazu anbieten!“, dachte ich halb im Scherz. Aus diesem Gag wurde bald Ernst, und ich eröffnete die **Ladies Academy**, die unterschiedliche Kurse anbot, einmal für ganz normale Frauen im Alltag und als zweiten Bereich gezielt für Frauen im Business. Es ging also zum Beispiel um so schöne Sachen wie High Heels-Training (dieser Kurs war super beliebt!), Charisma-Schulung, Präsentieren und Verkaufen, den perfekten ersten Eindruck und vieles mehr. Wir haben dazu auf wirklich allen Ebenen tolle Events kreiert, die für Frauen spannend sind.

Die **Ladies Academy** hatte also eigentlich als witzige Idee begonnen. Doch sie wurde in kürzester Zeit enorm erfolgreich, und ich gab unter anderem sogar Kurse speziell für die Damen der britischen Botschaft in Berlin.

Aufgrund der COVID-Einschränkungen musste ich die Academy schlafen legen, aber ich habe den Plan, sie schnellstmöglich wieder zu erwecken. Meine Mission ist es, Frauen in ihre Weiblichkeit und Eigenverantwortung zu begleiten, ihnen zu zeigen, wer sie sein können und wie schön und stark sie sind.

Manchmal Lady,
manchmal gaga!
;-)

„Wofür der ganze Aufwand?“

„Styling- und Diättipps, gut und schön“, denkst du dir vielleicht. „Aber ist es notwendig, ständig auf alles zu achten? Muss das sein?“ Gleich vorweg: Nein, muss es nicht. Und schon gar nicht immer und ständig.

Gut ist es, wenn du weißt, wie du toll aussehen und wirken kannst, wenn es drauf ankommt.

Der wichtigste Punkt ist sicher dein Mindset. Ich kann dir aus Erfahrung sagen, dass ein gesundes Selbstbewusstsein ein enormer Erfolgsfaktor ist. Sei es auf privater oder auf beruflicher Ebene. Und dieses Selbstbewusstsein hängt speziell bei uns Frauen viel davon ab, wie wir uns fühlen. Da der Sehsinn bei den meisten von uns der herausstechende Sinn ist, spielt das äußere Erscheinungsbild nun mal eine große Rolle.

Du erstrahlst einfach mehr in deinem Wesen, wenn du das Beste aus dir machst. Ich selbst gehe zum Einkaufen meist so, wie ich bin: im Hoodie, ungeschminkt, die Haare irgendwie zusammengebunden oder offen. Doch wenn es nötig ist, wenn ich jemanden treffe, wenn ich auf die Bühne gehe, dann bin ich gestylt. Und ich style mich mittlerweile aus dem Effeff.

Du kannst die Natur nicht außer Kraft setzen. Aber du kannst sie modifizieren.

Wie das geht, schauen wir uns Schritt für Schritt an.

Dein Stil – ein Klassiker!

Um deinen Stil herauszufinden, brauchst du Zeit. Viele von uns bringen das extreme Austesten schon in der Jugend hinter sich, aber bei vielen anderen hat es sich damals nicht ergeben. Das macht nichts – es ist nie zu spät, deinen Stil zu finden!

Unser Stil ändert sich im Laufe der Jahre ohnehin oft und passt sich an unsere Lebensbedingungen, unsere Denkweisen oder unser Umfeld an. Und das ist gut so. Ich hatte früher die High Heels an die Füße getackert. Ein Leben in normalen Schuhen? Undenkbar! Mittlerweile schätze ich meine Cowboystiefel ebenso wie Sneakers, High Heels oder manchmal einfach Latschen. Je nach Situation, Umfeld oder Tagesablauf.

Wir machen im Laufe unseres Lebens viele Phasen durch, die man auch sehen darf. Maßstab bist nur du selbst und das Gefühl mit deinem Stil. Ich rate dir, vor allem auf dein eigenes Gefühl zu hören! Wahrscheinlich kennst du das, dieses unerwünschte Feedback zu deinem Aussehen.

„Also, ich finde ja, dass man ab einem gewissen Alter keine so kurzen Röcke mehr tragen sollte!" oder „Findest du nicht, dass ... (füg hier jeden Satz ein, den du schon mal in Bezug auf dein Aussehen gehört hast)?" Ja, schön, wenn andere eine Meinung haben zu dir, aber: Hör bitte nur auf dich! Und wenn du in dir nichts hörst, dann kommst du am Ausprobieren nicht vorbei. Man lernt nur, wenn man etwas tut. Also probiere neue Klamotten-Varianten, fühle in dich rein, beobachte dich, bewege dich ... und wenn es sich gut anfühlt, MACH es einfach! Manchmal sind die Dinge, die du dir gar nicht an dir vorstellen kannst, auf einmal die schönsten. Das ist mir schon oft passiert! Deswegen hab ich vor nichts in der Mode Angst und probiere bewusst auch „schräge" Teile aus. Du wirst überrascht sein, wie viel Spaß das machen kann! Geh einfach in den nächsten Klamottenladen und versuch es selbst. Aber gerne erstmal „nur anprobieren" und nicht das ganze Geld ausgeben und den Laden ausräumen! ;-)

Es kann dir helfen, wenn du die besten Stellen deines Körpers kennst. Wenn das noch nicht der Fall ist, dann frag eine gute Freundin. Jede Frau hat etwas, auf das sie besonders stolz sein kann. JEDE! Diesen Vorzug gilt es dann, modisch hervorzuheben und (vermeintliche) Makel zu kaschieren. Eigentlich super easy, wenn man seinen Körper gut kennt und richtig einschätzen kann. Das Gute: Man kann es lernen! In Modesendungen bei HSE gebe ich dieses Wissen gratis weiter! *grins*

Jedoch – und das ist das Wichtigste: Lass dich nicht von irgendwelchen Trends beeinflussen. Mach so, wie es für dich passt und du dich wohlfühlst. Teste dich aus und finde deinen Stil! Beim Schmuck ebenso wie in der Mode oder beim Make-up. Denn auch hier gilt: Eine Frau, die sich in ihrer Haut wohlfühlt, hat einfach die attraktivste Ausstrahlung!

Mode als Statement

Ich selbst habe eine sehr lange Geschichte mit der Mode. Wie du dich vielleicht erinnerst, hat mir ja meine Oma schon in der damaligen DDR ziemlich coole Kleider genäht. Dazu hab ich mich gerade in meiner Jugend mit viel Schmuck behängt, ausgefallene Accessoires getragen und bin generell gerne ein bisschen aufgefallen. Später hat sich mein Stil weiterentwickelt, und heute liebe ich Dinge, die meine Persönlichkeit widerspiegeln und mich wirken lassen – vom Jogginganzug aus glänzendem Latex bis hin zum Luxusballkleid. Egal was, Hauptsache es gefällt und ich fühle mich gerade wohl drin.

Wenn es darum geht, gute Figur zu machen, gibt es ein paar Regeln. Als Frauen sollten wir an eine frauliche Silhouette denken, die sanduhrförmig ist. Und wir wollen uns in der Mode so weit wie möglich an diese Sanduhrsilhouette anpassen. Was genau das bedeutet, ist von Figur zu Figur unterschiedlich.

Du wirst gleich laut lachen. Aber ich oute mich jetzt: Ich liebe Schulterpolster! Die Achtziger-Jahre haben bei mir nie aufgehört! Warum? Weil ich zierliche, schmale Schultern habe. Und um auf die Sanduhrfigur zu kommen, muss ich mich obenrum ein bisschen breiter machen, denn dadurch wirkt meine Taille schlanker. Bei vielen Frauen geht die Hüfte automatisch optisch ein bisschen in die Breite, und das ist gut so. Wir wissen, dass es unterschiedliche Figur-Typen gibt. Die Kleidung sollte sich daran anpassen. Also schau zunächst einmal hin: Welcher Typ bist du? O-Typ? X-Typ? A-Typ? Und was brauchst du? Wo brauchst du etwas mehr Fülle, wo vielleicht etwas weniger? Dazu musst du dich im Spiegel nur mit Slip und BH bekleidet anschauen, um das für dich festzustellen. Hast du eine Taille oder eher nicht? Hast du – egal, ob du Sport machst oder nicht – eine sportliche Figur mit breiten Schultern und einem breiten Rücken? Bist du vielleicht ganz zart? Hast du lange, schmale Arme und Beine, oder ist da eher ein bisschen mehr da? Wirkst du eher groß oder klein? Schau genau hin, trau dich!

Danach kannst du beurteilen, was du brauchst. Und dann passe deine Kleiderwahl mit kleinen Tricks an, immer ausgerichtet an der weiblichen Sanduhrsilhouette, die wir mit Mode nachformen können.

Hoch hinaus

Gerade wenn du wie ich nicht sehr groß bist, können Schuhe mit Absätzen kleine Wunder wirken, wenn es um Streckung geht. Wie hoch, das überlasse ich dir. Teste einmal, womit du gehen kannst – einen Abend, wenn es drauf ankommt, oder auch mal untertags. Drei bis vier Zentimeter hohe Absätze sind übrigens für das Training des Beckenbodens und für den Rücken ideal. Also immer in ganz flachen Latschen herumlaufen, ist gar nicht so toll, wie man immer meint.

Und drei oder vier Zentimeter in der Höhe machen ganz viel aus. Übrigens lassen dich hohe Schuhe natürlich sofort insgesamt schlanker erscheinen. Dass die Beine besser aussehen, wenn ein paar Zentimeter Länge hinzukommen, ist logisch.

Auch die Oberschenkelmuskulatur bekommt etwas mehr Spannung, was sie optisch gleich noch besser zur Geltung bringt. Mach mal den Spiegeltest! Stell dich im Bikini oder Badeanzug vor den Spiegel – einmal mit High Heels, einmal ohne, und vergleiche deine Gesamtsilhouette. Na? Krass, oder?

Wenn es High Heels sein dürfen und du damit noch nicht so gut klarkommst, empfehle ich dir übrigens einen High Heels-Workshop, in dem du lernst, wie du damit am besten und schonendsten gehst.

Oder du trickst deine Füße mit Plateauschuhen aus. Du stehst höher, hast aber eine geringere Steigung als in den klassischen High Heels. Doch auch dafür braucht man Übung. Denn hoch sind sie trotzdem, und je höher der Absatz insgesamt ist, desto schmerzlicher wird das Umknicken und ein Band ist schnell mal gedehnt oder gerissen.

Doch es gibt ja nicht nur kleine Frauen. Wenn du eher groß bist und flaches Schuhwerk bevorzugst, kannst du ebenfalls stolzieren. Ich habe übrigens sogar schon Workshops gehalten zum Thema „Sexy laufen in Flip-Flops". Und ja, das geht! Glaub mir, das vergisst man nicht so schnell, wenn eine Frau in Latschen an einem vorbeigeht und nicht watschelt. Damit hinterlässt man durchaus Eindruck!

Nimm Haltung an

Du kannst anziehen, was du willst, wenn deine Haltung nicht passt, dann wirkst du nicht. Gerade große Frauen und Frauen mit sehr großem Busen neigen dazu, sich klein zu machen. Sie krümmen sich und machen einen Buckel. Das ist nicht nur auf die Dauer für den Rücken ungünstig, sondern weder schick noch hinterlässt es den Eindruck einer tollen, selbstsicheren Frau. Dieses Einrollen nach vorne wirkt unterwürfig und du machst dich damit selbst kleiner als du bist – auch mental. Eine gerade Haltung hat so viele Vorteile: Sie unterbindet ein Doppelkinn, die Knitterfalten im Dekolleté werden weniger, der Auftritt wird besser. Man kann das lernen. Ideal wäre Balletttraining, für das die meisten von uns wahrscheinlich weder Zeit noch das richtige Alter haben. Aber auch Sport kann hier ebenso Abhilfe schaffen wie mentale Arbeit.

Schnelle Übung „to go“:

Stell dir vor, an deinem Kopf ist oben ein Faden befestigt, der dich permanent nach oben zieht. So ein bisschen wie bei den Kinderpuppen von früher, die an einem Holzkreuz hingen und mit daran befestigten Schnüren bewegt wurden.

Lass dich also gedanklich richtig schön in die Höhe strecken und genieße die fast königliche Haltung dabei. Entspanntes Lächeln nicht vergessen! *grins*

Foto: Hendrik Holnäck

Schmucke Accessoires

Beim Schmuck scheiden sich die Geister. Ich selbst tendiere dazu, im Alltag einfach eine Uhr zu tragen – eine Männeruhr übrigens! – und sonst nichts. Im Job bei HSE sieht es anders aus: Da habe ich das große Glück, richtig wertvollen und wunderschönen Juwelierschmuck zum Outfit kombinieren zu dürfen. Leider muss ich ihn nach der Show dann wieder ablegen.

Als Tipp von mir, welcher und wieviel Schmuck für dich passend ist: Es gibt kein Richtig oder Falsch. Erlaubt ist, was gefällt. Gerade wenn dein Outfit sehr „clean“ und ohne viele Kinkerlitzchen ist, dann kannst du es mit schönem, auffallendem Schmuck wunderbar kombinieren. Und wenn mit einem Schmuckstück auch noch eine Geschichte verbunden ist, dann ist es noch schöner.

Foto: Hendrik Holnäck

Wenn es drauf ankommt

Manchmal hängt vieles davon ab, dass du wirklich geil aussiehst. Vor allem deswegen, weil du dich dann auch geil fühlst. Stell dir vor, du bekommst einen Preis verliehen, hast einen kleinen Fernsehauftritt oder heiratest. Vielleicht möchtest du an einem bestimmten Abend beim Ausgehen noch mehr bewundernde Blicke ernten. Dann gib Gas! Wie du das machst, liest du auf den nächsten Seiten.

Foto: Hendrik Holnäck
Kleid: NikoNiko

Ohrenbetörend mit einer angenehmen Stimme

Eine Stimme ist angeboren. Oder? Ja, ist sie. Dennoch gibt es einen Tipp, wie du deine Stimme so modifizieren kannst, dass sie noch angenehmer anzuhören ist. Wenn du ein Mann bist, dann kannst du diesen Abschnitt überspringen. Du hast wahrscheinlich eine eher tiefe Stimme. Gerade Frauen neigen jedoch dazu, zu quietschen – besonders, wenn sie sich freuen. „Oh, ist das schön!", da geht's nach oben wie Sau. Auch wenn wir Frauen schreien, wird es schnell einmal quietschig. Das geht mir auch so. Immer, wenn es mit der Stimmlage nach oben geht, wird's für jene, die sich das anhören müssen, schwer. Das heißt: Pass auf, dass du nicht zu viele Ausreißer nach oben hast. Schau, dass du unten bleibst. Beobachte dich einmal, in welcher Stimmlage du sprichst.

Wenn du wirklich an deiner Stimme arbeiten möchtest, wirst du um den Weg zum Profi allerdings nicht herumkommen. Ich muss sagen, ich hatte einfach Glück. Ohne jemals ein Stimmtraining besucht zu haben, hab ich eine echt tolle Stimme. Dafür kann ich nur dankbar sein!

Nicht das Gesicht verlieren!

Reden wir Tacheles, meine Damen. Ab einem gewissen Alter ist unser Hautbild nicht mehr perfekt. Couperose, Hautunebenheiten, Augenringe und andere unangenehme Begleiterscheinungen lassen sich kaum vermeiden. Das ist nicht schlimm, überhaupt nicht! Das ist normal! Älterwerden gehört zum Lauf des Lebens. Die Alternative wäre, jung zu sterben. In der Jugend bekommen wir vieles geschenkt, wenn wir erwachsen werden (oder sehr erwachsen), können wir nachhelfen. Eine Frau ab 30 kann ruhig täglich eine leichte Foundation verwenden, selbst wenn sie sonst nicht geschminkt ist. Wem eine Foundation schon zu viel ist, der kann eine gute

BB- oder gar CC-Cream auftragen. Diese Cremes legen sich über unseren Teint wie Weichzeichner und gleichen Unebenheiten aus. Ab einem gewissen Alter ist es das Wichtigste, den Teint wieder schön zart und ebenmäßig hinzukriegen – ob jetzt noch ein mega Augen-Make-up oder super Lippen dazukommen, ist fast egal. Der Teint ist das Nonplusultra! Etwas Puder und Rouge – und schon sehen wir gesund und munter aus!

Das ist natürlich nur meine persönliche Meinung. Ich weiß, dass es Frauen gibt, die sich auch ohne jedes Make-up gut fühlen, und das finde ich großartig! Denn letztlich geht es darum, dass du dich magst, so wie du bist.

Auch bei mir gibt es Tage, da ist es mir völlig egal, ob ich ein bisschen oder gar nicht geschminkt bin. Und ich fühle mich in mir wohl, so wie ich bin. Doch an anderen tut es mir selbst einfach gut, zumindest die Basics zu machen. Eben diese Foundation aufzutragen, damit ich mich noch mehr mag, wenn ich mir im Spiegel über den Weg laufe. Auch das hat für mich sehr viel mit Selbstliebe zu tun. Vor der Kamera muss ich ohnehin das volle Programm fahren – das Licht der Scheinwerfer ist unbarmherzig.

Eine BB-Cream ist ein sogenannter Beauty-Balm oder Blemish-Balm. Also ein Balsam für Schönheit oder gegen Makel. Sie gleicht das Hautbild aus, pflegt und schützt vor äußeren Einflüssen wie Sonne oder Computerlicht.

Eine CC-Cream ist eine Color-Correcting-Cream, also eine Creme, die für „Farbkorrektur" sorgt. Sie hat die gleiche Wirkung wie eine BB-Cream, korrigiert aber zusätzlich die Hautfarbe mit einem grünen Ton, der die Röte der Haut bei Couperose (geplatzten Äderchen) verringert.

Ampullen – mein geheimer Booster

Wenn man es wirklich ernst meint mit der Pflege, kommt man an einer Ampulle nicht vorbei. Noch nicht mit 20, aber mit circa 40 geht es richtig los. Die Haut verliert immer mehr Feuchtigkeit, die Fältchen werden deutlicher, und man merkt: Ups, jetzt muss ich doch mal was machen! Einmal im Monat zur Kosmetikerin gehen reicht offensichtlich nicht. Jetzt kommt mein persönlicher Aha-Moment, den ich im Job bei HSE durch meine liebe Homeshopping-Kollegin Miriam Deforth erleben konnte. Ich durfte diverse Ampullen ihrer Kosmetik-Serie MIRI testen und habe den Effekt bei mir live erlebt. Und ganz ehrlich? Ich möchte ihn nicht mehr missen! Inzwischen mache ich sogar richtige Ampullenkuren, die über einen längeren Zeitraum gehen, wenn ich merke, meine Haut braucht diese Extrapflege gerade.

MIRI Miriam Deforth und ich gemeinsam bei HSE
Foto: privat

Schöne Augen machen ...

... mit Magnet Lashes. Du kannst so geil geformte Wimpern haben, wie du willst – nichts geht über Wimpern Extensions! Du bekommst im Drogeriemarkt für wenig Geld magnetische Wimpern, die deine Augen sofort strahlen lassen. Entweder du kaufst dir die Teile, die du einfach oben und unten an deine echten Wimpern am Oberlid anhältst und die dann magnetisch zusammenkleben. Oder du nimmst die Wimpern, die du mit einem magnetischen Lidstrich fixierst. Ich verwende sie nur außen am Auge, weil sie die Augen so schön mandelförmig wirken lassen. Und es geht superschnell! Wenn du dunkle Wimpern hast, brauchst du die Dinger nur draufgeben. Mit blonden Wimpern empfiehlt es sich, vorher schwarze Mascara zu verwenden. Vorm Schlafengehen einfach runternehmen und wegpacken, und wenn du sie wieder brauchst, kannst du sie wiederverwenden. Und du kannst da gerne auf die günstigen Marken zurückgreifen. Bei der Pflege spare ich niemals, aber gerade beim Make-up muss man keine Unsummen ausgeben, um gut auszusehen.

Augenschatten abdecken

Ab 35 bekommen wir sie alle, das ist ganz natürlich. Wir müssen sie aber nicht immer zeigen. Du kannst sie schnell und einfach mit Concealer abdecken. Hier gibt es qualitativ große Unterschiede. Am besten, du testest dich durch oder fragst Freundinnen bzw. Profis um ihren Rat. Du kannst auch gerne mal in meine Beauty-Stunden bei HSE reinschauen – da gibt es die Tipps frei Haus.

Augenbrauen sind der Rahmen des Gesichts und öffnen die Augen optisch noch mal ein bisschen mehr. Nachdem ich als echte Blondine Augenbrauen habe wie Boris Becker, müsste ich jeden Morgen rumschmieren. Daher hab ich mir meine Brauen mit einer Pudertechnik permanent machen lassen. Die Technik ist insofern genial, weil die Brauen nicht so hart werden. Du willst ja nicht aussehen wie ein Bussard, sondern natürlich wirken.

Wenn du das ausprobieren willst, such dir bitte unbedingt einen Profi! Denk daran, dass dich die Dinger immerhin eine Zeit lang zieren werden! Diese Technik ist noch nicht sehr bekannt im deutschsprachigen Raum und unterscheidet sich stark vom geläufigeren Microblading, das ich nur sehr bedingt empfehlen kann.

Wenn du lieber keine Nadeln an deine Haut lässt und eher täglich malen willst, dann kannst du stattdessen auch einen feinen Pinsel und Lidschatten-Puder in einer passenden Farbe sowie Brauen-Mascara verwenden. Pass nur auf, dass der Farbton zu deiner Haut- und Haarfarbe passt und nicht zu hart wirkt.

Ich hab die Haare schön

Extensions können schön aussehen, wenn man sie offen trägt. Und wenn man der Typ dafür ist. Ich selbst trage sie manchmal, aber eigentlich bin ich glücklicher, wenn meine Haare nicht nur schön, sondern auch praktisch sind. Wenn ich sie nach dem Sport einfach waschen und trocknen kann, ohne großes Brimborium. Es sollte alles schnell gehen. Die Pflege von Extensions macht mir null Spaß! Daher hab ich lieber meinen Dutt auf dem Kopf.

Ob du sie magst, das musst du selbst rausfinden. Und auch, welche Art für dich die richtige ist. Es ist ziemlich teuer, aber wenn du mal besonders schön aussehen willst, dann lohnt es sich vielleicht für dich, es auszuprobieren.

Ich bin ein Fan von Haarteilen. Einen künstlichen Dutt oder Pferdeschwanz trage ich oft und gerne. Es geht schnell, ist wenig Aufwand und macht viel her. Du kannst sie für den Moment, in dem du sie brauchst, sehr schnell montieren, und danach kannst du sie ebenso schnell wieder runternehmen, wenn du sie nicht mehr brauchst. Ich kaufe meine in den sogenannten Afro-Shops, die es in jeder größeren Stadt gibt. Diese arbeiten zwar mit unechtem Haar, aber für deinen

Moment of Fame brauchst du keine Echthaarteile! Diese relativ günstigen Accessoires sehen gut aus – sofern du den richtigen Farb-Match findest. Da ist es durchaus sinnvoll, dich beraten zu lassen. Wenn du mehr ausgeben möchtest, dann kannst du auch ins Perückenstudio gehen. Die beraten meist noch besser, sind aber ein wenig teurer.

Achtung: Unechte Haare können im Scheinwerferlicht je nach Lichteinfall auch unecht aussehen! Hier brauchst du definitiv Profis, die dir bei der Auswahl helfen.

Diese Lippen!

Du kannst deine Lippen, auch wenn sie etwas schmaler sind, durch den Plump Effekt in 3D erstrahlen lassen. Was du dazu benötigst, sind drei Lippenstiftfarben. Zunächst nimmst du einen Konturenstift und malst deine Lippenlinie nach. Wenn die sehr schmal ist, kannst du auch ein bisschen drüber hinausmalen, allerdings wirklich nur ein ganz kleines bisschen und vor allem im oberen und unteren Bereich, niemals seitlich. Danach malst du deine Lippen mit dem Konturenstift voll aus, dadurch hält die Farbe viel besser. Anschließend gehst du mit einem helleren Lippenstift oder Konturenstift in die Mitte der Lippe und hellst diese auf – dadurch bekommst du einen schönen 3D-Effekt.

Und zum Abschluss tupfst du in der Mitte noch Lip Gloss auf, was einen wunderbaren Plump Effekt macht. Mit dieser Technik bekommst du auf natürlichem Weg wirklich vollere Lippen. Ein bisschen Übung gehört dazu, aber es lohnt sich!

Tipp am Rande: Je kleiner deine Lippen sind, desto wichtiger ist es, dass du eher helle Farben verwendest. Bei schmalen Lippen mit Knallrot reinzugehen, tut dir nichts Gutes. Nimm lieber Rosenholztöne! Und wenn es trotz Übung nichts wird, kannst du es immer noch mit Aufspritzen probieren, wenn du unbedingt mehr haben willst. Aber ich empfehle dir, immer zuerst zu versuchen, richtig schminken zu lernen. Das genügt meist völlig.

Zehn Kilo weniger durch Contouring

Augen sind wichtig und der erste Blickfang. Doch auch die Gesichtsform ist ausschlaggebend für das Aussehen. Dazu gehört das Contouring. Im Unterschied zum Rouge, das die Wangenknochen betont und uns den nötigen Frische-Kick gibt, geht das Contouring auch über die seitlichen Teile des Gesichts und formt es optisch: Kinnlinie, hohe Stirn, Nase.

Schminken ist Arbeit mit Licht und Schatten. Das ist etwas, das man lernen kann, und es lohnt sich durchaus, denn du schaffst es damit, dein Gesicht ins beste Licht zu rücken. Contouring will allerdings wirklich gelernt sein. Nimm dir Zeit dafür und such dir vor allem auch das richtige Licht beim Schminken – von vorne, nicht von oben. Oder lass dich zuerst mal von einem Profi schminken und schau genau zu. So habe ich am meisten gelernt. Und in jeder besseren Drogerie und jedem Beautystore gibt es Make-up-Artists, die dich bei Bedarf gleich vor Ort schminken. Trau dich ruhig, danach zu fragen!

Wieso aber nun zehn Kilo weniger? Weil du es mit Contouring schaffst, im Gesicht wesentlich schlanker auszusehen, wenn du das möchtest.
Übrigens: Kim Kardashian hat's vorgemacht!

Botox und Co.

Wenn ich finde, dass ich müde aussehe, genehmige ich mir eine Portion Botox, zweimal pro Jahr bisher. Aber bloß nicht zu viel – ich brauche meine Mimik!

Auch das Lippenaufspritzen hab ich selbst zweimal probiert. Das erste Mal, als ich noch sehr jung war. Ich hatte ein Interview mit einem Schönheitschirurgen, der meinte: „Diana, du hast die geilen Lippen dafür, wir machen das!" Ich, neugierig und nicht fähig, Grenzen zu setzen, willigte ein. Und bin dann fast vor Schmerzen gestorben. Doch trotz Tränen musste ich da durch, nachdem er schon mal angefangen hatte. Als er mir die Lippen ausmassierte, bin ich noch einmal fast eingegangen vor Schmerzen. Ich schwor mir: „Nie wieder!"

Doch im Laufe der Zeit – das erste Mal ist über 20 Jahre her! – hat sich die Technik stark geändert. Und da ich die Connections hatte, hab ich mir den Eingriff vor einiger Zeit nochmals machen lassen. Schmale Lippen hatte ich nie, aber durch das bisschen Mehr mag ich sie noch lieber! Und mittlerweile gibt es Möglichkeiten, es auch für Mimosen wie mich erträglich zu machen.

Schönheits-OPs

Ich wage nicht auszuschließen, dass ich, da in meinem Beruf das Aussehen eine große Rolle spielt, im Gesicht auch mal ein bisschen mehr machen lasse. Noch muss es nicht sein, und ich bin sehr glücklich mit meinem Zustand. Aber man weiß ja nicht, was in Zukunft alles möglich und halbwegs ungefährlich ist. Ich würde nie jemanden verteufeln, der das macht. Und es kommt auch immer darauf an, wie man sich selbst sehen möchte. Manche Menschen mögen diesen künstlich gelifteten Look an sich selbst. Und das darf auch so sein. Jeder wie er will!

Was ich machen „musste", waren meine Brüste. Vor langer Zeit, als ich so dünn war, dass ich vorne herum ausgesehen habe wie ein Bügelbrett. Ich habe meinen BH vor Scham gar nicht mehr ausgezogen – das war wirklich schlimm für mich. So habe ich nach reiflicher Überlegung einer Brustvergrößerungs-OP zugestimmt und war erstmal auch superglücklich damit. Doch irgendwann hatte ich wieder mein Normalgewicht, und meine Brüste waren entsprechend viel zu groß, was für mich als Läuferin auch noch unpraktisch war.

Man muss sich das einmal vorstellen: Ich konnte meine täglichen Runden nur noch laufen, wenn ich zwei Sport-BHs und ein Sportbustier übereinander getragen habe! Das hieß für mich, ich musste meinen Busen wieder in die Ausgangssituation bringen – was nur mit einer weiteren OP möglich war. Also erst einmal größer, dann wieder auf die kleinere Normalgröße gebracht. Nun ja, es ist wie es ist, und mein damaliger Druck, mit Anfang 30 nach den krassen Diäten wieder schöne Brüste zu haben, war für mich wirklich groß.

Käme ich nochmals in eine solche Situation, würde ich es wieder so machen. Ich gebe zu, in dieser Hinsicht bin ich kein Vorbild!

Abschließend kann ich nur sagen: Jeder Mensch hat das Recht, mit dem eigenen Körper zu machen, was er möchte. Da darf niemand reinreden. Dennoch sollte man sich der Gefahren von Operationen bewusst sein. Es sind schon Menschen an Schönheits-OPs gestorben, vergiss das nicht! Also lass dich, wenn du vorhast, eine zu machen, wirklich gut beraten!

Ich möchte hier den großartigen Satz des Schönheitschirurgen zitieren, der wegen meiner „unruhigen Oberschenkel" (siehe Kapitel Sport) zu mir sagte:

„Konzentrieren Sie sich auf etwas anderes Schönes an sich – Sie sehen wirklich toll aus!"

Auch du hast das Schöne an dir. Also lass diesen Satz auf dich wirken, falls du in einer ähnlichen Situation bist!

Beauty-Tricks für Fotos

Wenn du's dir selbst machst ;-)

Wie du ja weißt, bin ich regelmäßig auf Instagram und Facebook präsent. Dazu braucht's Fotos, vor allem Selfies. Da bin ich logischerweise längst Profi – in meiner Ladies Academy gab's tolle Kurse dazu. Dir wird wahrscheinlich schon mal aufgefallen sein, dass man auf Selfies schnell etwas unvorteilhaft aussehen kann. Das liegt vor allem am Winkel und an den Kameras der meisten Mobiltelefone. Um dich von deiner besten Seite zu zeigen, fotografier dich leicht von oben. Du hebst dabei dein Kinn, bekommst dadurch einen schlanken Hals und hast schon mal kein Doppelkinn. Außerdem sind dadurch die Gesichtszüge ein wenig entspannter. Wenn du eher nach unten schaust, fällt dein Gesicht runter und die Züge verändern sich. Nicht zum Positiven[9]. Außerdem hebst du, wenn du leicht nach oben schaust, deinen Kopf zum Licht hin. Und Licht ist alles! Wenn du im Zimmer bist, spiel Sonnenblume. Wo ist die Lichtquelle? In diese Richtung schaust du beim Fotografieren. Wenn du hingegen draußen bist und die Sonne scheint, dann stell dich besser in den Schatten. In der Sonne hast du ganz krassen Kontrast zwischen Licht und Schatten, und das ist selten schmeichelhaft. Es gibt Schlagschatten, deine Nase wirkt dadurch vielleicht größer etc.

Wenn du die Option hast, warte auf leicht wolkigen oder leicht bedeckten Himmel; das wirkt wie ein Weichzeichner.

Wenn du fotografiert wirst

Wenn du fotografiert wirst, dann achte darauf, dass du nicht direkt frontal stehst, sondern einen Schritt nach vorne machst und die Hüfte ein bisschen schräg mitdrehst.

---

[9] Kleiner Hinweis am Rande: Das gilt auch beim Küssen. Daher sollte man sich Kusspartner suchen, die größer sind als man selbst. Oder eine andere Position einnehmen. ;-)

So einen Blick nach unten solltest du dir beim Selfie nicht erlauben – das Handy lieber etwas höher halten!

Achtung: nur die Hüfte! Der Oberkörper dreht nicht mit! Dadurch erscheinst du ab der Taille schmäler. Den Bauch kann man während eines Fotos übrigens ruhig einziehen. Es geht um Fotos, da kann man schon kurz mal die Luft anhalten, sich gerade hinstellen, die Schultern nach hinten ziehen – kurz gesagt: ein paar Unbequemlichkeiten in Kauf nehmen!

Körperspannung, Baby! Dazu solltest du versuchen, so entspannt wie möglich dreinzuschauen, auch wenn du innerlich voll angespannt bist. Ein Tipp dazu: Ausatmen hilft dir, entspannter zu wirken. Dazu denk einfach an deinen Lieblingsplatz, ein schönes Erlebnis mit deinem Schatz oder an Katzenbabys.

Wenn du meine Lebensgeschichte gelesen hast, wirst du gleich lachen. Denn ich habe mir tatsächlich früher oft das Gesicht meiner Mutter vorgestellt, wenn ich in die tote Schwärze einer Kamera schaute oder in einem Radiostudio saß und kein Gegenüber hatte. Da hast du ein Gesicht, dem du was erzählst, anstatt ins Leere zu reden. Und wenn du etwas erzählst, dann machst du es so einfach wie möglich. Das hilft tatsächlich, und du bekommst dadurch weichere und freundlichere Gesichtszüge.

Apropos Gesichtszüge: Weißt du eigentlich wirklich, wie du aussiehst? Wenn dir diese Frage kein Augenrollen entlockt, sondern dich ein bisschen neugierig macht, dann lies weiter. Ansonsten überspring diesen Absatz und steig weiter unten wieder ein.

Die meisten Menschen wissen nicht, wie das, was sie mit ihrem Gesicht machen, auf andere wirkt. Das, was du signalisieren möchtest, kann vom Gegenüber ganz anders aufgenommen werden. Beispiel: Du ziehst ironisch eine Augenbraue hoch. Glaubst du. In Wirklichkeit bewegt sich deine Augenbraue aber gerade mal einen halben Millimeter. Für das Gegenüber sieht es vielleicht aus, als müsstest du eine Blähung unterdrücken, weil du so angestrengt schaust. Oder man fasst deine Mimik als Nachdenken auf. Wenn du dich vor dem Spiegel selbst beobachtest, während du verschiedene Gesichter machst, weißt du auch, was der andere, mit dem du dich unterhältst, sieht. Wie es interpretiert wird, bleibt dann ohnehin noch immer dem Gegenüber überlassen. Und du weißt dann auch eher, wann dein Lächeln auf einem Foto als solches zu erkennen ist.

In meiner **Ladies Academy** habe ich das bei ganz vielen Frauen gesehen. Die wussten oft nicht mehr: Wie lächle ich? Das zu lernen, ist jedoch tatsächlich sinnvoll, wenn du viel mit anderen Menschen zu tun hast – sei es beruflich oder privat.

Immer schön nach oben schauen beim Küssen! ;-)

Reden wir über Diät!

Ich finde Diäten eigentlich scheiße. Meiner Meinung nach ist es 100-mal besser, wenn du eine Ernährungsform findest, mit der du dich gesund und wohlfühlst und die du ein Leben lang durchhalten kannst, ohne dass du dich kasteien musst. Wenn du das Ganze dann noch mit einer Aktivität kombinierst, die dir Spaß macht, dann ist es optimal.

Ernährung

Nun hat aber jeder Mensch seine Geschichte, die er mit sich herumträgt. Ich selbst war einmal knapp davor, magersüchtig zu werden, habe aber noch die Kurve gekriegt. Nicht jede Frau hat so viel Glück. Und die meisten von uns sind irgendwie geschädigt, wenn es um ihren Körper geht. Ich rede hier nicht nur von Anorexie und Bulimie, sondern von den vielen kleinen Störungen und Mustern, die gerade uns Frauen im Alltag behindern und negativ beeinflussen. Vom ständigen Hungern über Fressanfälle, weil sich der Körper holt, was er braucht, bis hin zu ständigem Verzicht auf dies und das.

Daher ist es nötig, mit diesem geschädigten Organismus und der angeschlagenen Psyche einer Person, die sich seit Jahren oder Jahrzehnten zu dick oder zu unattraktiv fühlt, wieder in einen grünen Bereich zu kommen. Das betrifft übrigens nicht nur Frauen, die wirklich ein paar Kilo „zu viel" (was ist zu viel und wer entscheidet das?) auf den Rippen haben, sondern auch jene, die nach außen hin eine schlanke Figur aufweisen, und natürlich auch Männer!

Essen für den Body

Bei mir gibt es immer wieder Phasen, in denen ich besonders in shape sein möchte, weil Playboy anruft und mich zu einer Veranstaltung einlädt oder auch nur der Sommer bevorsteht und ich gut aussehen möchte. Dann ernähre ich mich auf eine Art, die an die Bodybuilder-Sporternährung angelehnt ist. Ich habe das damals bei den Bodybuildern gelernt, und es ist ganz easy. Gerade in Zeiten, in denen viel los ist und die Nerven blankliegen, ist es umso wichtiger, darauf zu achten, dass der Blutzuckerspiegel nicht zu sehr schwankt und man satt ist. Ich esse seit vielen Jahren überhaupt kein Brot mehr, sondern Reiswaffeln oder Zwieback. Das vertrage ich auch besser. In Ausnahmefällen greife ich auf Eiweißbrot zurück, einfach das günstige aus dem Supermarkt oder Backmischungen, die ich online bestelle. In den Phasen, in denen ich dann zwei oder drei Kilo loswerden möchte, habe ich zwei Regeln:

- Eiweißzufuhr hochschrauben

- Kohlenhydrate runter

Wenn du es nachmachen möchtest, dann rate ich dir, auf jeden Fall den Arzt deines Vertrauens zu fragen, wie viel Gramm Eiweiß pro Tag bei deiner Statur und deinen anderen Grundvoraussetzungen angeraten ist. Und bedenke bitte auch, dass jeder Körper anders reagiert. Das heißt, teste dich aus, finde heraus, wie viel du wovon brauchst, um dich wohlzufühlen und dein Gewicht zu halten oder zu verändern – je nachdem, was du möchtest.

Ach ja, Fett gibt es ja auch noch! Um die Fettzufuhr mach ich mir gar nicht so große Gedanken, außer, dass ich grundsätzlich nicht zu viel davon esse. Also keine zentimeterdicke Butterschicht aufs Brot und keinen halben Becher Schlagsahne zum Obst. ;-) Es gibt diese kluge Aussage: Du musst Fett essen, um Fett zu verbrennen. Doch Achtung: Das funktioniert auch mit kleineren Mengen, es muss nicht viel sein. Fett hat wirklich richtig viele Kalorien, nämlich 9 pro Gramm. Das ist annähernd doppelt so viel wie Eiweiß und Kohlenhydrate haben. Trotzdem lass ich es einfach mitlaufen.

Möchtest du noch mehr wissen? Gut!

Ich esse meine erste Mahlzeit meist erst mittags. Je später ich anfange, desto weniger ist vom Tag übrig, wo ich noch was essen könnte. ;-) Das gilt allerdings für mich. Wenn du eher ein Frühstücks-Typ bist, dann wirst du das sicher anders handhaben. Aufpassen musst du in jedem Fall, wenn dein Blutzucker leicht nach unten geht: Dann kann es dir passieren, dass du zu lange wartest und dann Heißhunger bekommst. Auch da baut die Bodybuilder-Ernährung vor, aber manchmal kann es dennoch passieren. Als erste Mahlzeit des Tages esse ich entweder mein Protein-Porridge oder – noch viel einfacher und absolut Old School – Magerquark mit Haferflocken, Vanillearoma, ohne Zucker und Süßstoff. Das macht richtig satt und hält ewig – theoretisch kannst du den ganzen Tag damit auskommen. Einfach zusammenmixen. Mich erinnert es in der Konsistenz und vom Geschmack her immer an früher, wenn ich die Teigschüssel auslecken durfte. Du kannst ein kleines bisschen Wasser oder Joghurt dazugeben, dann wird es geschmeidiger. Deine richtige Mischung kannst du sicher selbst rausfinden. Auch, ob du Süßstoff brauchst oder ob es dir so süß genug ist. Ich liebe Süßes, daher muss der Süßstoff bei mir unbedingt rein. Du kannst alternativ ein paar Himbeeren reinwerfen oder Heidelbeeren. Beeren haben wenig Kohlenhydrate, im Unterschied zu Äpfeln oder gar Bananen, von denen du in dieser Phase eher die Finger lassen solltest.

Meine zweite Mahlzeit besteht aus Eiweiß und Gemüse. Gemüse ist deswegen wichtig, weil wir die Ballaststoffe zum Abnehmen brauchen. Bei mir besteht das Eiweiß meist aus Hühnchen, es kann aber auch magerer Fisch sein, Rindfleisch oder Hüttenkäse. Du kannst aber genauso Tofu nehmen oder eine andere pflanzliche Eiweißquelle wie Erbsenprotein, wenn du lieber vegetarisch lebst. Dazu kommt ein schöner großer Salat: grüner Salat, Rucola, Paprika, Tomaten oder alternativ Gemüse, in der Pfanne angebrutzelt – lecker, sag ich dir! Keine Kartoffeln – die sind Kohlenhydrate. Am besten schaust du in eine Ernährungstabelle oder online, um am Anfang herauszufinden, welche Gemüsesorten gut funktionieren und welche du lieber weglassen solltest. Es gibt in Bodybuilder-Shops und auch online sogenannte Null-Kalorien-Dressings, die wirklich lecker sind. Du kannst auch Olivenöl nehmen und ein paar Tropfen Zitronensaft oder Essig. Ach ja: Balsamico oder Balsamicoreduktion haben meist viel Zucker. Davon solltest du dich fernhalten. Wenn du magst, kannst du ein bisschen Reis dazu essen. Am besten funktioniert es, wenn du diesen mit sehr viel Wasser kochst, weil dadurch ein Teil der Stärke ausgeschwemmt wird.

Auch ausgekühlter Reis oder gekühlte Kartoffeln sind in kleineren Mengen okay, weil sie sogenannte resistente Kohlenhydrate enthalten. Also solche, die nicht so leicht vom Körper aufgenommen werden. Wenn du es dir mit Take-away-Essen leicht machen möchtest, solltest du vorsichtig sein. Burger & Co. sind zwar ohnehin nicht geeignet, aber auch von (Gemüse-) Gerichten in Asia-Lokalen solltest du die Finger lassen. Sie sind meist voll mit Glutamaten, also Geschmacksverstärkern, die den Appetit anregen und zudem Wasser im Körper binden. Außerdem wird häufig mit sehr viel Öl gekocht, auch wenn man das im fertigen Essen nicht so wahrnimmt.

Kleine Helferlein beim Abnehmen

Du siehst, eigentlich ist das alles keine Magie und relativ leicht umzusetzen. Wenn dir das alles trotzdem zu kompliziert ist, kannst du dein Essen auch stattdessen mit einer App tracken. In einer guten App kannst du eingeben, wie viele Kohlenhydrate, Proteine, Fette und Kalorien du zu dir nehmen kannst oder sollst. Ich mache das in den Phasen, in denen ich abnehmen möchte, so gut wie immer, weil ich finde, dass es sehr hilft.

Einkaufen und Vorbereitung

Was du nicht zu Hause hast, kannst du nicht essen. Das bedeutet: Geh idealerweise nicht hungrig einkaufen. Trag dir alles nach Hause, was du essen sollst und was dir guttut. Und du kannst alles andere verschenken oder spenden.

Du solltest wirklich nur Dinge in deiner Küche (deinem Nachtkästchen, deiner Schoko-Lade etc.) haben, die zu deinem Speiseplan passen. Wenn ich in einer Diätphase der Ansicht bin, dass ich jetzt wirklich was Süßes brauche, dann gönne ich mir das auch. Dann gehe ich zu einer Tankstelle und zahle den dreifachen Preis wie im Geschäft und das tut mir ein bisschen weh, aber ich habe es nicht auf Halde zu Hause. Wenn es da ist, dann ist es verfügbar.

Auch wenn ich es in den Keller sperre, ich geh sicher hinunter und hol es mir. Weil ich weiß, dass es da ist und auf mich wartet. Also, es darf nicht da sein!

Trinken

Wir trinken meist zu wenig, gerade wir Frauen. Ich bin mittlerweile immer mit einer großen Flasche unterwegs, in die fast ein Liter reinpasst. Wenn ich zwei davon pro Tag austrinke, komme ich auf meine passende Flüssigkeitszufuhr. Speziell beim Abnehmen ist ein ausgeglichener Wasserhaushalt sehr wichtig, weil viele Stoffe aus dem Körper ausgeschwemmt werden und weil Trinken den Appetit reduziert. Wenn ich Hunger habe, trinke ich auch als Erstes ein großes Glas Wasser. Wenn ich danach noch immer Hunger habe, weiß ich, dass er echt ist und kein verkappter Durst.

Du magst kein Wasser, weil es dir zu fad ist? Hilfe ist nah! Es gibt Geschmackszusätze, die nicht nur wunderbar schmecken, sondern auch den Blutzucker nicht beeinflussen, weil sie absolut zuckerfrei sind. Manche schmecken süß, andere nur nach Frucht. Manche sind mit herkömmlichem Süßstoff, viele heutzutage schon mit Stevia gesüßt.

Für Notfälle

Wir können noch so gut planen, manchmal spielt unser Körper einfach nicht mit. Obwohl die morgendliche Mahlzeit eigentlich den ganzen Tag anhalten hätte sollen, haben wir schon nach drei Stunden wieder Hunger. Wir haben zusätzlichen Stress, machen mehr Bewegung als geplant oder haben aus unerfindlichen Gründen ein Blutzuckertief. Für solche Fälle lohnt es sich, vorzubauen. Ich habe immer eine kohlenhydratarme Notfallration in der Handtasche, die in meinen Speiseplan passt. Denn andernfalls ist der nächste Dönerstand geplündert, wenn es hart auf hart geht. Das ist mein Insider-Tipp für dich: Verlass niemals das Haus ohne Notfallration. Du weißt nie, wann du sie brauchst! Und idealerweise such dir nicht etwas, das nach einem Tag schon verrottet ist, sondern etwas, das gut verpackt auch ein paar Wochen auf seinen Einsatz warten kann: Riegel, kleine verpackte Würstchen, Proteinpulver, das mit ein wenig Wasser in einen Shake verwandelt werden kann.

Und falls du wirklich einmal drauf vergessen hast, sollte der Drogeriemarkt dein bester Freund werden. Dort findest du vieles, was deinen Hunger stillt, ohne deine Abnehmerfolge zu gefährden: kleine Packungen mit Nüssen, Eiweißdrinks oder ausgewählte Proteinriegel. Du kannst auch zu Käse aus dem Supermarkt greifen oder dir einen Proteinjoghurt kaufen. So kommst du im Notfall unbeschadet über die Runden.

Was drin ist

Lies immer zuerst die Nährwertangaben. Der Protein-/Eiweißgehalt sollte so hoch wie möglich sein, Kohlenhydrate nicht über 10 Gramm / 100 Gramm. Schau auch auf die Kalorienangaben, damit du ein Gespür dafür bekommst. Vielleicht bist du ohnehin Profi und machst das immer schon so. ich habe allerdings schon sehr oft erlebt, dass Menschen überhaupt keine Ahnung haben, was sie sich tagtäglich an Kalorien und Nährstoffen zuführen.

Solltest du Unverträglichkeiten haben, musst du natürlich nochmal genauer schauen und diese an erste Stelle setzen. Dennoch denk daran, dass du einen gewissen Kalorienwert (je nach Körpergröße, Muskelmasse und Gewicht) nicht überschreiten solltest. Aber das würde hier zu weit führen – wenn du es so ernsthaft angehen möchtest, bitte sprich vorab mit einem Arzt.

Nicht übertreiben!

Bist du jetzt voll motiviert? Das würde mich enorm freuen! Aber Vorsicht: Geh es nicht zu krass an! 1000 Kalorien am Tag sind ausschließlich kurzfristig einsetzbar, wenn du abnehmen willst. Es ist nicht gesund, und du wirst es auf die Dauer nicht durchhalten. Außerdem ist ernsthaftes Training mit einer solchen Einschränkung nicht ohne Gesundheitsrisiko durchführbar. Du läufst zudem mit so einer krassen Kalorienreduktion Gefahr, auf direktem Weg in den Jo-Jo-Effekt zu kommen. In der Folge ist dein natürlicher Stoffwechsel nicht mehr in Balance und du nimmst schneller zu als vorher – eine echt miese Spirale! Geh es lieber langsam an und finde wirklich eine Form, die dich dein Leben lang begleiten kann. Wenn du schon mehrere „Wunder"-Diäten ausprobiert hast, weißt du, was ich meine: Irgendwann ist dir die Lust auf Kohlsuppe, Haferkleie oder was immer es ist für dein Leben lang vergangen. Und wenn du Pech hast, hast du noch auf irgendein Lebensmittel eine Intoleranz entwickelt, weil du dich zu lange einseitig ernährt hast.

Besser ist es, wenn du ein paar kleine Stellschrauben drehst (siehe weiter vorne) und dabeibleibst.

Speziell für Frauen: die Waage ...

... dein Freund? Ja. Aber mit Maß und Ziel! Ich stelle mich nicht jeden Tag auf die Waage. Durch die Hormonschwankungen des weiblichen Körpers ändert sich auch das Gewicht von Tag zu Tag. Das heißt, es kann Tage geben, an denen du alles richtig machst – und trotzdem am nächsten Morgen einen oder zwei Kilo mehr wiegst. Es ist nur Wasser, okay. Aber es demotiviert. Es gibt auch Frauen, die brauchen jeden Tag die Kontrolle, einfach, um dranzubleiben. Wie es bei dir am besten funktioniert, weißt du vielleicht schon oder kannst es herausfinden. Doch wie gesagt, vergiss nicht, dass dein Körper je nach Zyklusphase mehr oder weniger Wasser einlagert und verzag nicht, wenn es einmal nicht so schnell „bergab" geht, wie du es gerne hättest. Bei mir ist der Gradmesser, ob ich mir gefalle, wenn ich nackig vorm Spiegel stehe. Welche Zahl da dahinter ist, ist mir piepegal. Das gilt übrigens nicht nur fürs Gewicht, sondern auch fürs Alter: Es ist nur eine fucking Zahl! Wie du dich fühlst, darauf kommt es an! Alles andere ist nicht relevant.

Aller Anfang ...

Anzufangen ist nicht einfach, das weiß ich aus eigener Erfahrung. Doch es lohnt sich! Wie du dich motivierst anzufangen? Das ist bei jedem Menschen anders. Ich mache es über Sport. Wenn ich Sport treibe, dann leert das meinen Kopf – ich sage immer, es ist ein bisschen wie ein Mülleimer für meinen Kopf.

Und dann kann ich mein System „resetten", damit ich mit einer Ernährungsumstellung starten kann. Da konzentriere ich mich, der ganze Schrott kommt raus. Und das ist für mich der Dreh- und Angelpunkt, auch mein Essen im Zaum zu halten. Beim Laufen merkt man jedes Kilo mehr, ebenso beim freien Training mit Körpergewicht. Und wenn dir das Spaß macht, dann wirst du automatisch darauf achten, dass es leichter geht.

Was dazwischenkommen kann

Wenn du vorhast, deine Ernährung wirklich langfristig umzustellen, dann plane ein, dass du dir hin und wieder was gönnst. Gerade jene Menschen, die schon als Kind mit Süßigkeiten belohnt oder getröstet wurden, haben ein Muster, das sich nur schwer dauerhaft durchbrechen lässt. (Danke, Oma!) Wenn es stressig oder emotional anstrengend wird, schreit das Gehirn nach Süßkram. Oder du brauchst es einfach, um glücklich und zufrieden zu sein. Du kannst diese Bedürfnisse entweder dauerhaft ignorieren – dann wird es irgendwann besser – oder du gibst dem Drang nach. Auch das ist vollkommen okay, wenn es nicht zu oft passiert. Dann planst du diese Tage oder Mahlzeiten einfach in deine Diät ein, und du musst dich nicht selbst hinuntermachen, weil du es „wieder mal nicht geschafft" hast. Denn damit erzeugst du nur noch mehr Druck und Frust – und das brauchst du sicherlich nicht in deinem Leben.

Wenn du weißt, dass du so etwas brauchst, dann plan es ein – und genieß es! Du weißt dann, dass es zwei oder drei Tage dauert, bis du wieder „on Track" bist, aber du kannst es dir gönnen.

Nur denk dir dann nicht „Jetzt ist es auch schon egal!". Es ist nur ein Cheat! Wenn du jemand bist, der sich jeden Tag auf die Waage stellt, dann erschrick nicht. Kohlenhydrate sammeln Wasser im Körper. Du wirst also am nächsten Tag schon mal einen oder gar zwei Kilo mehr haben. Aber die bleiben nicht – wenn du an deiner Diät dranbleibst. Du kannst dir aber auch von Anfang an Alternativen überlegen, die nicht ganz so schlimm sind: Es gibt Schokolade mit ganz wenig Kohlenhydraten mittlerweile sogar im Supermarkt. Auch Protein-Pudding, spezielle Protein- bzw. Low Carb-Eiscreme und Co. können eine Lösung für dich sein. Vergiss aber nie, dich mit einem Blick auf die Nährwerte zu vergewissern, wie viele Kohlenhydrate und Fette der leichte Leckerbissen deiner Wahl wirklich hat.

Was auch dazwischenkommen kann, sind zum Beispiel Phasen mit extrem viel Arbeit, emotionaler Stress oder simple Dinge wie Essenseinladungen. Seien es Geschäftsessen, Veranstaltungen, Essenseinladungen oder der Mädelsabend. In solchen Fällen ist es oft schwierig, einen genauen Speiseplan zu verfolgen ... zumindest, ohne unhöflich zu sein und / oder fast zu verhungern. Da hart zu bleiben, ist meist fast nicht möglich. Wenn du also in einer solchen Phase nicht gerade auf eine Bodybuildingmeisterschaft, deine Hochzeit oder Nacktfotos hinarbeitest, dann lass es einmal ruhiger angehen. Ich mach dann einen Cut, tauche durch, und mache dann erst mit der Diät weiter. Wenn es gerade nicht geht, dann geht es nicht. Das kann und darf passieren – wir sind alle nur Menschen.

Achtung: Diese Tipps gelten ausnahmslos für gesunde Personen! Wenn du dir nicht sicher bist, bitte lass dich vor einer Ernährungsumstellung von deinem Arzt abchecken.

Es lebe der Sport

Welcher Sport auch immer es ist, der dir Spaß macht, spielt keine Rolle. Hauptsache Sport.

Es geht darum, nicht nur daran zu denken, was man braucht, sondern es zu spüren. Der Körper verlangt meist auch genau das Richtige an Nahrung, wenn du Sport machst. Wenn du hinhörst, sagt er dir genau, was er braucht. Durch zu süß, zu salzig, zu pikant töten wir unseren Instinkt ab, aber dieser Instinkt lässt sich auch wieder gut trainieren. Sport ist da eine große Hilfe, weil wir dabei idealerweise ohnehin auf unseren Körper hören, um ihn nicht zu überfordern. Und dadurch isst du automatisch anders und bewusster.

Auch ich kann Essen inhalieren, wenn ich nicht aufpasse. Mich holt Sport aus dieser Ess-Spirale gut raus. Und ich kann mir vorstellen, dass das auch bei dir klappt.

Wenn du keinen Sport machen willst, kannst du dich mit regelmäßiger Meditation beim Abnehmen oder Gewicht halten unterstützen. Ich selbst beherrsche das Meditieren leider nicht – mir fehlt die innere Ruhe dazu. Du musst dabei aber auch nicht stundenlang ruhig sitzen. Falls es dir ähnlich geht wie mir: Es kann schon genügen, wenn du dich für eine Minute auf deine Atmung konzentrierst, um besser im Hier und Jetzt anzukommen und dadurch ein wenig mehr Bewusstheit zu erlangen, um deine Mahlzeit wirklich zu genießen, anstatt sie zu verschlingen. Wenn du das auch ohne Unterstützung schaffst, dann ziehe ich den Hut vor dir.

Ran ans Eisen!

Wie gesagt: Jeder Sport ist gut für dich. Gerade für Frauen ist Muskeltraining, also Krafttraining, das Nonplusultra. Da, wo Muskel ist, kann kein Fett sein. Wenn wir unsere Muskeln trainieren, dann sind wir wie ein Verbrennungskraftwerk. Muskeln verbrennen wesentlich mehr Kalorien als Fett.

Auch im Ruhezustand gibt es einen Nachbrenneffekt! Das ist sportwissenschaftlich belegt. Und dadurch wird dann das Gewicht nicht nur geregelt, sondern auch unwichtig. Zudem schaffst du es, mit regelmäßigem Training der Osteoporose vorzubeugen. Einerseits, weil die gut trainierte Muskulatur die Knochen stützt, andererseits, weil die Knochen sich durch die Belastung aufbauen und verstärken.

Ich spreche hier übrigens nicht unbedingt nur vom Training mit Hanteln und Geräten – auch das Training mit deinem Körpergewicht, also etwa das sogenannte Crosstraining, reicht hierfür völlig aus. Solltest du gleichzeitig mit Sport und der Ernährungsumstellung beginnen, bitte pass auf. Sport, insbesondere Krafttraining, verbraucht sehr viel Glukose. Das heißt, du musst entsprechend Kohlenhydrate nachschieben. Nicht in rauen Mengen, aber genug, um nicht in einen Unterzucker zu kommen. Wie viel das bei dir ist, findest du durch vorsichtige Experimente heraus. Generell gilt: Wenn du dich bei oder nach einer Übung unwohl fühlst oder gar Schmerzen hast, dann lass sie weg oder pass sie an deine Bedürfnisse an. Dein Körper weiß, was ihm guttut. Und nur zur Ergänzung: Muskelkater fällt nicht unter den Oberbegriff „Schmerzen". Der darf sein, gerade anfangs. Später, wenn du trainiert bist, bekommst du keinen mehr.

Gut in Form

Gut trainierte Muskeln sorgen dafür, dass dein Körper gut geformt aussieht. Außer, es ist eine zu dicke Fettschicht drüber und man sieht sie nicht. Das bedeutet: Je geformter und je größer deine Muskeln sind, desto athletischer wird deine Statur, desto definierter ist deine optische Form. Natürlich hat jeder Mensch seine angeborene Vor-Formung, und das ist auch gut so. Wir sind ja nicht aus einer Schablone geschnitten, sondern individuell gewachsen. Und dadurch ist dein persönliches optisches Optimalmaß sicher anders als das aller anderen Menschen.

Pluspunkt von Muskeltraining für den Körper: Du kannst es bis ins hohe Alter machen, es gibt kein Limit.

Natürlich gehst du je nach deiner Verfassung das Training langsam an, in deinem Tempo. Und idealerweise mit Anleitung, wenn du es noch nie gemacht hast. Wie wichtig es ist, dass deine Trainer ihren Job gelernt haben, liest du im Kapitel „Sport ist Mord". Ach ja, und noch was: Ich höre immer wieder von Frauen, dass sie nicht aussehen wollen wie Schwarzenegger. Keine Sorge – dafür ist unser Körper gar nicht ausgelegt! Denk daran, wie intensiv ich trainiert habe. Und ich habe es nicht einmal annähernd geschafft, ein Kleiderschrank zu werden. ;-) Wenn du nicht gerade mit Anabolika nachhilfst – wovon ich dir nur dringendst abraten kann! –, bist du absolut auf der sicheren Seite.

Und noch was, das viele Menschen nicht wissen: Auch Bodybuilder sehen nicht immer so definiert und muskulös aus wie bei Wettbewerben! Normalerweise haben sie wie jeder andere Mensch auch eine gesunde Menge an Körperfett über den Muskeln. Nur für die Wettbewerbe hungern und entwässern sie sich so lange runter, bis jeder Muskel durch die Haut zu sehen ist. Dass das der Gesundheit nicht förderlich ist, kannst du dir sicher denken.

Bewegung statt Sport

Es gibt Menschen, die einfach keine Freude daran haben, sich körperlich auszupowern. Und auch das hat seine Berechtigung. Denn wenn du jeden Tag etwas machst, das dir total zuwider ist, dann macht dir irgendwann das Leben keinen Spaß mehr.

Doch eines geht immer: Geh zu Fuß, so viel du kannst. Lass den Aufzug stehen – der dritte, vierte oder fünfte Stock ist zu schaffen! Es geht um deine Gesundheit, dein Herz, aber auch um deine Haut, deine Knochen und um deine mentale Gesundheit. Und letztlich, so haben Wissenschaftler herausgefunden, sogar um deine geistige Fitness.

Ich will hier nicht zu viel herumeiern – du kannst es ohnehin in jedem Apothekenmagazin nachlesen. Also nur in aller Kürze: Beweg dich. Use it or lose it. Je mehr du dich hier hängen lässt, desto mehr limitierst du dich. Doch wenn du genau wie in einer Beziehung die Entscheidung fällst, es anzugehen, dann wirst du schon bald die ersten Erfolgserlebnisse haben und auch leichter dranbleiben.

Achtung: Diese Tipps gelten ebenfalls uneingeschränkt nur für gesunde Personen. Auch für Personen, die an einer Krankheit leiden, ist Bewegung gut und kann das Leben verlängern. In diesem Fall hör aber bitte unbedingt auf das, was dir dein Arzt sagt.

Die „Playboyfigur"

Auf die Gefahr hin, dass du meine Playboy-Fotos kennst und mich jetzt für bescheuert hältst: Ich habe leider kein gutes Bindegewebe. In meiner Jugend sah das alles richtig schick aus, doch obwohl ich mein Leben lang Sport mache, nagt der Zahn der Zeit auch an mir. Die Haut verändert sich; gerade an fraulichen Stellen. Mit Sport bekommst du das nicht in den Griff, das ist sehr viel auch genetisch bedingt. Damit habe ich inzwischen meinen Frieden geschlossen. Ich gebe zu, das

Fotos: privat

war nicht immer so, und ich habe in dieser Sache auch schon mal einen Schönheitschirurgen befragt. Ich wollte meine „unruhigen" Oberschenkel straffen lassen. Doch bei einer Straffung bleiben riesige Narben, die man sehen würde, und das sieht um vieles schlimmer aus als ein paar Unebenheiten. Dazu sagte mir der Beauty-Doc einen ganz tollen Satz, den ich dir hier weitergeben möchte: „Wissen Sie was, Sie sind keine 20 mehr. Konzentrieren Sie sich auf was anderes Schönes – Sie sehen toll aus. Und Ihre Beine müssen Sie ja nicht ständig zeigen!" Damit hat er völlig recht.

Für die Fotos im Playboy hab ich nochmal Vollgas gegeben, einiges abgenommen, beim Sport noch eins draufgelegt – aber ich kann das im normalen Leben nicht halten.

Ich bin längst wieder an meinem Normalgewicht angelangt, mit meinen „unruhigen" Oberschenkeln. Bin, wie eigentlich meistens, eher fraulich-kurvig als grazil und athletisch und ich habe gelernt, genau das anzunehmen und zufrieden zu sein. Mit Mode kann ich meine Vorzüge hervorheben und die Makel verdecken. Sollte ich allerdings noch einmal in eine Playboy-Fotosession kommen oder falls ich noch total abdrehe und auf die Bodybuilder-Bühne will (Figurklasse!), dann würde ich sehr diszipliniert an meinem Körper arbeiten. Aber Freunde, das sind Ausnahmesituationen, das solltet ihr nicht vergessen!

Wir glauben immer, dass wir alles schaffen können müssen. Selten überlegen wir uns aber, ob das dann noch machbar und gesund ist für uns. Ich glaube, wir dürfen uns alle ein bisschen entspannen und das große Ideal auch mal Ideal sein lassen. Gesundheit und Wohlbefinden sollten immer im Vordergrund stehen!

Apropos ... ein Wort zum Bauch

Ab einem gewissen Alter, so heißt es, haben Frauen einen Bauch. Das stimmt so nicht. Frauen haben genetisch gesehen fast immer diesen wunderbaren kleinen Bauch. Es gibt ganz wenige sehr schlanke Frauen, die wirklich flach sind zwischen den Hüftknochen. Und Models. Aber diese flachen Bäuche sind für Frauen atypisch. Also lass dich von deiner kleinen weiblichen Wölbung nicht terrorisieren. Sie sieht süß aus und ist nicht böse. Und wenn du den Bauch wirklich platt haben willst, dann ist es notwendig, an der Ernährung sehr hart zu arbeiten. Wenn es mehr als eine kleine Wölbung ist, handelt es sich meist um einen Blähbauch. Das kann bei gesunden Menschen ohne Intoleranzen vor allem daran liegen, dass wir zu viele fertige Dinge aus dem Supermarkt essen, die diese Form von Bauch fördern. Den bekommst du unter Umständen weg, indem du deinen Darm sanierst. Wie bei fast allem ist die Ernährung der Schlüssel dazu. Also lass dir nicht erzählen, dass du ab einem gewissen Alter einen dicken Bauch haben musst!

Ein kleiner Sidestep: Sport ist Mord

Ich neige zu Extremen. Bei allem, was ich mache. Ich bin generell leidenschaftlich, und wenn ich Feuer fange, dann fange ich richtig Feuer! Wenn ich Gitarre spiele, dann fall ich fast vom Hocker, und wenn ich Sport mache, dann ist es dasselbe.

So war es auch beim Laufen, was mir in späterer Folge – falls du „Mit Vollgas in die Hölle“ schon gelesen hast – sehr geholfen hat. Sport ist bei mir eines der Zahnrädchen, die Körper und Psyche im Lot halten, und wenn ich länger keinen Sport machen kann, dann bricht alles zusammen.

Ursprünglich war ich eben Läuferin. Ich lief sogar Marathon, und ich liebte es! Es war nie mein Ziel gewesen, Marathon zu laufen, das passierte irgendwie. Ich brauche immer den Ausgleich in der Natur, mit meinen Gedanken allein zu sein, und so ergab sich ein Kilometer nach dem anderen. Auch wenn ich etwas verarbeiten muss, ist Laufen das Beste für mich.

Doch dann machte meine Hüfte nicht mehr mit. Ich stand zweimal knapp vor der Operation, und mein Arzt riet mir dringend, mit dem Laufen aufzuhören.

Ich war Anfang, Mitte 40, als ich wirklich aufhören musste, weil es einfach nicht mehr ging. Ich sagte mir also: „Gut, ich bin die Kilometer, die man in einem Leben so laufen kann, gelaufen. Jetzt brauche ich eben etwas Neues."

So kam ich zum Bodybuilding. Ich ging in ein Fitness-Studio und trainierte erstmal für mich allein, vor allem mit Eigengewicht. Wer mich ein bisschen kennt, weiß, dass ich nicht in einem Schickimicki-Studio oder Yogastudio war, sondern in einem richtigen Eisenpumperstudio. Ich gehe immer dorthin, wo ich die Profis vermute. Mir war klar, wenn ich Muskeln aufbauen möchte, muss ich dorthin gehen, wo die wirklich starken Männer sind. Die zwar für mich viel zu krass drauf waren, aber zumindest wüssten die sicher mehr als jemand, der nur so ein bisschen trainiert.

Nachdem ich eine Weile jeden Tag dort aufschlug, nahmen mich die Jungs bald zur Kenntnis und fragten, ob ich nicht endlich auch mal an die Geräte wolle. Ich durfte also mit ihnen mittrainieren. Das war großartig! Ich fing richtig Feuer.

Dass viele der Bodybuilder das Klischee bedienten und wirklich nur eindimensional an ihr Training dachten, war für mich so erholsam! Ich konnte mich einfach mit simplen, aber witzigen Sachen von meinem Arbeitsalltag ablenken. Die Gespräche untereinander, das war Comedy vom Feinsten – ich bin manchmal vor Lachen wirklich zusammengeklappt. Wir hatten so viel Spaß, und nebenbei trainierten wir „hardcore".

Ich lernte, dass Schmerzen beim Training dazugehören und dass man auch über die Schmerzen hinaustrainiert. Dieses Learning sollte mich fast das Leben kosten, aber das wusste ich damals in meiner Euphorie nicht.

„Problemzone" Schultern

Meine größte Problemzone sind die Schultern. Ich wollte immer schöne, runde, breite Schultern haben, aber meine sind eher schmal. Also machte ich für diese Körperpartie besonders viel, um schöne Schwimmerschultern zu bekommen. Hat nicht ganz funktioniert, aber ich schaffte es, das, was da war, optimal zu formen. Natürlich durfte ich nicht aufhören, damit sie nicht wieder verschwinden. Auch wenn es manchmal wirklich weh tat. Aber das hatte ich ja gehört, da musste man drüber hinwegkommen. Auch die Jungs meinten: „Is so! Da musste halt durch!" Also biss ich die Zähne zusammen und machte unter Schmerzen munter weiter.

Bis ich eines Tages beim Duschen bemerkte, dass ich einen komplett blauen Arm hatte. Glücklicherweise ging ich sofort zum Arzt, der eine Thrombose feststellte, und zwar ganz nah an der Lunge. Entstanden war das Ganze durch eine Schulterverletzung, die ich mir eintrainiert hatte. Der Arzt warnte mich, dass diese Thrombose enorm gefährlich sei und ich sehr aufpassen müsse. Dazu gab er mir eine Liste von Sachen, die ich keinesfalls mehr machen durfte.

Es ist alles gut ausgegangen, wir haben alles wieder hinbekommen, aber ich trage bis heute die Erinnerung daran bei mir: Der Arm ist immer noch etwas dicker als der andere, und ich tue mein Bestes, ihn zu kaschieren. Aus diesem Grund sieht man mich sehr selten mit einem kurzärmeligen T-Shirt, mit noch weniger schon gar nicht.

Manchmal, gerade in meinem Fernsehjob, geht es nicht anders und ich trage ein kurzärmeliges Teil. Dann schaue ich mich in den Monitoren gar nicht erst an und konzentriere mich auf meine innere Stärke. Es kommt im Leben immer drauf an, wohin wir unseren Fokus lenken, und da sollte immer etwas Schönes sein.

Schönheit – um jeden Preis?

Der Druck, der auf uns Frauen liegt, was das gute Aussehen betrifft, nimmt mittlerweile bedrohliche Ausmaße an. Lebensbedrohliche.

Normalgewichtige Mädchen, die sich fast zu Tode hungern, um „schlank" zu sein. Casting Shows, in denen Bodyshaming zum Standard erhoben wird. Diätpillen, Mieder, Erbrechen nach jeder Nahrungsaufnahme, Fitnessbulimie. Alles im Namen der Gesundheit. Mensch, gesund ist das nicht! Und ich weiß, wovon ich rede. Denn auch ich hatte eine Essstörung.

Der Weg zu sich selbst ist ein extrem schwieriger. Zu wissen, wer man ist – gerade als Frau, wo diese Schönheit so massiv eingefordert wird – ist ein Prozess. Wenn wir durch die Stadt gehen, sehen wir auf Plakatwänden gephotoshoppte Schönheiten, die uns vorspiegeln, wie man „ganz natürlich" schön ist. Hochglanzmagazine, TV-Serien, Social Media ... überall sehen wir vermeintlich perfekte Geschöpfe. Es ist für eine Frau scheiße schwer: Du musst schön sein, du musst schlank sein, du musst patent sein und alles packen. Was man da alles können und sein MUSS, dieser Druck von außen ist unfassbar groß.

Dazu kommt, dass wir Frauen auch untereinander noch immer sehr kritisch zueinander sind. Wir dürfen gerade als Frauen viel liebevoller miteinander umgehen und toleranter sein, verständnisvoller. Dieses Bitchgehabe ist nicht mehr zeitgemäß! Ich selbst habe solch ein Verhalten mir gegenüber glücklicherweise nur sehr selten mitbekommen, weil ich selbst ganz anders bin. Zugegeben, ich habe auch keine Antennen für Bösartigkeit. Also prallt möglicherweise vieles an mir ungehört ab. Doch durch mein Umfeld bekomme ich mit, dass auch heute, im 21. Jahrhundert, noch viele Frauen alle anderen weiblichen Wesen als Feindinnen oder Bedrohung sehen. Mädels, lasst das doch endlich hinter euch! Wir sind besser als das! Lasst uns mehr Liebe ins System bringen! Unterstützen wir uns doch lieber gegenseitig, anstatt uns niederzumachen!
#bettertogether

So – habe fertig!

Und nun? Was machst du jetzt mit all dem? Ich würde mich freuen, wenn ich dir Mut machen konnte. Mut, dich weiterzuentwickeln, dich vielleicht auch immer wieder mal neu zu entdecken – in JEDEM Alter. Dich als wertvollsten Menschen in deinem eigenen Leben anzunehmen und dich lieben zu lernen. Wenn „lieben" ein zu großes Wort für dich ist, dann fang mal mit dich „gern zu haben" an. Dich gedanklich wie der beste Freund in die eigenen Arme zu nehmen und dankbar auf deinen Körper zu schauen, der dich durch dieses Leben hier trägt – vom ersten bis zum letzten Atemzug.

Manchmal malträtieren wir unseren Körper viel zu sehr und sind dann auch noch sauer, weil er aussieht, wie er aussieht. Betrachte dich liebevoll. Und wenn du Herausforderungen in dein Leben lässt, dann nimm sie an und tu(!) wirklich etwas. Das Nur-darüber-Reden oder Einfach-nur-daran-Glauben ist Schwachsinn und der Anfang von eigenen Ausreden, warum andere es scheinbar einfacher haben und man nicht das erreichen kann, was man eigentlich gern möchte. Merkste selbst, hm! Das ist die „Shit-Spirale", in die du bitte nicht reinkommst oder – wenn du schon drinnen bist – schnellstens wieder raushüpfst. Du MACHST ab jetzt was – und redest nicht nur! Okay? Okay! :-)

Jeder kann nur seinen eigenen Weg gehen. Der sieht auch bei jedem anders aus. Und glaub mir, jeder struggelt mit sich, immer wieder. Selbst diejenigen, bei denen du denkst, es gehe ihnen super gut, und die keinerlei Probleme zu haben scheinen. DAS eint uns definitiv alle: Herausforderungen (ich will das Wort „Problem" gar nicht erst zulassen)! Vergleich dich nicht! Dich gibt's eh nur ein einziges Mal, du bist ein Unikat. Also mit wem bitte willst du dich vergleichen? Das wird immer so ein sinnloses Apfel-und-Birnen-Ding. Hör nur auf dich selbst, deine innere Stimme, dein Bauchgefühl. Sei dein eigener Maßstab. Finde DEINEN Weg!

Und – ganz wichtig: Rechtfertige dich nicht. Wenn es sich für dich richtig anfühlt, ist es das. Punkt! Dann machst du es einfach. Hier können wir von den meisten Männern lernen, gerade von den Alpha-Exemplaren. Wer zu viel erklärt, warum er dieses oder jenes tut, rechtfertigt sich und ist in der Kommunikation immer der (oder die) Kleinere. Du zeigst Stärke nach außen, indem du DEIN DING machst, weil du weißt, dass es richtig ist; ganz souverän und selbstbewusst.

Ich möchte dieses Buch – und weitere werden folgen ;-) – hier mit einem Gedanken beenden: Hab Vertrauen in deine eigene Stärke, zum richtigen Zeitpunkt genau das Richtige zu tun. Du bist wundervoll.

Deine Diana

Foto: Hendrik Holnäck

Jeder coole Film hat im Abspann ein „Making o
hier siehst du die Entstehungsgeschichte der
Fotoserie, die uns durch das Buch begleitet. ;-)

Fotos: Hendrik Holnäck

Fotos: Hendrik Holnäck

DANKE ...

... an meine gesamte Familie. Ein besonderes Danke geht natürlich an meine Mutter, die auf ihre Art Wegweiser und wichtige Lehrmeisterin für mich ist; danke an den besten Bruder der ganzen Welt: mein über alles geliebtes Bruderherz Tony; an meine wundervolle Schwägerin Fatima, die mit ihrer afrikanischen Mentalität unsere zugegebenermaßen recht schräge Family gerettet hat und uns zeigt, wie „Familie“ geht; an meine lieben Großeltern (R.I.P.), die immer über mich wachen und bei mir sind, genau wie meine liebe Tante Gerda (R.I.P.).

Ein riesiges Danke von Herz zu Herz an meine beste Freundin und Seelengefährtin durch alle Zeiten und Dimensionen: meine wundervolle Sanne. Und natürlich auch ein großes Danke an meine liebevolle Gitarrenlehrerin Frau Heidenreich dafür, dass ich durch sie bereits als Kind die Grundpfeiler des Lebens (Liebe, Dankbarkeit, Mut) entdecken durfte.

Ich sage Danke an all meine Freunde, Wegbegleiter, Fans und Förderer. Und DANKE an den besten Mann der Welt, der mich zum richtigen Zeitpunkt gefunden hat.

PS: DANKE, Alen Krupic

Für den Inhalt verantwortlich:

DIANA SCHELL / SCHELL MEDIA eK.

Mail: kontakt@diana-schell.com

Web: www.diana-schell.com